Ángel Rodríguez Álvarez, Ph. D.
Editor

Conquista y colonización de Puerto Rico según el Cronista de Indias: Gonzalo Fernández de Oviedo y Valdés

D1224613

Editorial Nuevo Mundo

Si desea mantenerse informado sobre nuestras publicaciones, sólo tiene que enviarnos su nombre y dirección a:
Editorialnuevomundo@hotmail.com

© 2007, Ángel Rodríguez Álvarez

ISBN 0-9774940-2-0
ISBN13 978-0-9774940-2-6
LCCN 2007923257

Producido en Puerto Rico

Texto literario, diseño tipográfico, portada realizados
por Editorial Nuevo Mundo

ÍNDICE TEMÁTICO

PRÓLOGO

El área antillana fue la primera región del Nuevo Mundo que sufrió el choque cultural que produjo el descubrimiento y colonización de América. Ante los umbrales de un nuevo milenio y frente al Quinto Centenario de la colonización de Puerto Rico que se cumple el 12 de agosto de 2008, se hace imperante cobrar conciencia sobre el proceso que dio paso a la nacionalidad Puertorriqueña. En ese día se inició el camino histórico que forjó al pueblo puertorriqueño. Esta es la idea de la presente recopilación titulada: *Conquista y colonización de Puerto Rico según el Cronista de Indias: Gonzalo Fernández de Oviedo y Valdés.* El propósito de esta recopilación es hacer accesible para los estudiosos del tema, los escritos sobre Puerto Rico que se encuentran en la *Historia general y natural de las Indias* del cronista Gonzalo Fernández de Oviedo y Valdés (1478-1557). Además presenta una interpretación antropológica de esta obra. A diferencia de la *Historia Geográfica, Civil y Natural de la isla de San Juan Bautista de Puerto Rico* (1788) de fray Íñigo Abad y Lasierra que ha circulado ampliamente en Puerto Rico, la *Historia* de Fernández de Oviedo es casi desconocida en su totalidad, a pesar de la valiosa información que contiene.

En la *Conquista y colonización de la Isla de Puerto Rico* se menciona los sucesos ocurridos durante los primeros años de la conquista de Puerto Rico por Juan Ponce de León. El resto del texto se ilustra con grabados y dibujos de la propia *Historia* de Fernández de Oviedo y de otras fuentes como Theodore de Bry.

Deseo agraceder a María Benedetti, educadora ambiental y escritora sobre etnobotánica por la identificación científica de las especies de plantas mencionadas por Oviedo. Especial gratitud al pintor Rubén Santos por parte de los dibujos que se incluyen en esta edición. Las notas del editor aparecen enumeradas al final de cada capítulo.

Ángel Rodríguez Álvarez, Ph.D.
Editor, Puerto Rico, 2007

INTRODUCCIÓN

La Crónica es un estilo literario que se se define como una exposición cronológica en prosa que narra la historia de un pueblo, un linaje real, una institución (ejemplo la Casa de la Contratación) o una fundación individual (como una Catedral). Los antecedentes de las crónicas se pueden situar en la antigua Roma, pero la época de su apogeo fue durante la Edad Media y el Renacimiento. Durante el siglo XIII, surgió en Francia una importante escuela de cronistas latinos cuya obra cumbre fue *Grandes Crónicas de Francia*. Entre los cronistas galos de este periodo se destaca Jean Froissart que escribió durante el siglo XIV las hazañas históricas de los nobles ingleses y franceses. En Inglaterra, el cronista más destacado fue Godofredo de Monmouth, autor de *Historia Regum Britanniae* (*Historia de los reyes de Bretaña,* 1139).

En España surgieron dos escuelas de cronistas: la catalana que estaba representada por autores como Bernat Desclot y Ramón Muntaner; y la castellana, cuyo mayor exponente fue el rey Alfonso X el Sabio, quien escribió la *Grande e general estoria*. Esta obra inaugura una tradición de "crónicas generales" que se prolonga por un espacio de dos siglos. El descubrimiento de América (1492) por España, causó la aparición de una gran cantidad de escritos como cartas o diarios, que más tarde se convirtieron en relatos y crónicas las cuales abarcaron todo lo que iba sucediendo. Esto dió paso a que durante el siglo XVI se desarrollara un nuevo género literario conocido como las "crónicas de Indias".

La Corona de España tuvo desde el comienzo del descubrimiento del Nuevo Mundo la preocupación por conocer detalladamente el medioambiente natural y las culturas de los pueblos conquistados. De esta forma, se fue gestando una nueva clase de literatura basada principalmente en las descripciones y relatos que definieron el concepto de lo que era el Nuevo Mundo. En 1525, el rey Carlos V instituyó la posición de "Cronista de Indias" con el fin de dejar escrito de forma oficial todos los eventos importantes que se estaban desarrollando en el Nuevo Mundo. Esta posición llegó a su máximo desarrollado durante el 1571, cuando el rey estableció el cargo de "Cronista Mayor y Cosmógrafo de Indias", bajo la tutelaridad del Consejo de Indias.

Las crónicas de Indias no sólo son fuentes históricas que relatan

Taínos extrayendo oro de los ríos

eventos relevantes de la Historia del Nuevo Mundo, sino que sirvieron a la política de ciertos intereses como la Iglesia Católica y la Corona Española, por ende son escritos ideológicos. En estas fuentes, la imagen de los indoamericanos fue distorsionada como regla general y se aplicaron las creencias sociales y religiosas dominantes a la hora de escribir sobre temas indianos. Los resultados fueron diversos. Por ejemplo, se pensó que determinados indígenas eran en realidad los descendientes de las tribus perdidas de los judíos como fue el caso de fray Diego de Durán con el mundo náhuatl. Otras veces aparecen los indoamericanos como bárbaros, idólatras y practicantes de la antropofagia y la sodomía, mientras que en otras crónicas son descritos como un cofre de virtudes naturales. Esto justificó el propósito principal que fue la imposición de la forma de pensar del colonizador sobre la del colonizado y de esta forma lograr la destrucción de su identidad y asimilación cultural.

Las crónicas de Indias son documentos imprescindibles para estudiar el proceso de conquista y colonización del Nuevo Mundo porque reflejan las acciones de los "conquistadores" y el pensamiento europeo de su época. Cada párrafo refleja el discurso político, social y económico vigente. Como resultado, sería imposible separar a estos autores de sus obras. Estos escritores de la incipiente narrativa hipanoamericana se dieron cuenta de la magnitud del Nuevo Mundo y se dieron a la magna tarea de recopilar la información de los procesos que estaban ocurriendo dentro de unos límites de tiempo y espacio. Los sucesos fueron presentados en la mayoría de los casos siguiendo la versión oficial. Por ende, estas crónicas reflejan la versión del "conquistador" y no la del "conquistado".

Como bién señala el escritor colombiano Gabriel García Márquez, en su discurso pronunciado durante la entrega del premio Nobel de Literatura (1982) en Estocolmo (Suecia), que los cronistas a su paso por nuestra América escribieron una crónica rigurosa, que sin embargo parece una aventura de la imaginación, pero que estos relatos no fueron ni mucho menos el testimonio más asombroso de la realidad americana de aquellos tiempos. Es importante señalar que los cronistas fueron en muchos casos conquistadores, religiosos, soldados y aventureros y el reflejo de las mentalidades de su época. Aunque vivieron en los tiempos del Renacimiento, llevaron dentro de ellos el espíritu medieval y guerrerista de la "Reconquista" española, la cual mezclaron con su tradición judeocristiana. En pocos años, pasaron de la Reconquista en suelo ibérico, a la Conquista del Nuevo Mundo. Estos personajes fueron en gran parte codiciosos, violentos y crueles. Llegaron sedientos de fama, gloria y en sus mentes brillaba la idea de ser actores de aventuras caballerescas, pero también dejaron plasmado en sus crónicas, los hechos de los cuales fueron testigos presenciales. Algunos de ellos como, Hernán Cortés, obtuvieron fama y riqueza; mientras que otros como, Francisco Pizarro, encontraron la muerte. Los cronistas de Indias pueden dividirse en cuatro grupos principales que son: peninsulares, testimoniales, historiadores religiosos e historiadores indios. Entre los clasificados como cronistas testimoniales hay que mencionar a Juan Suárez de Peralta (1535 a 1540), autor del *Tratado del descubrimiento de las Indias y su conquista* (1589); a Baltasar de Obregón, autor de la *Historia de los descubrimientos antiguos y modernos de la Nueva España* (1584); a Andrés de Tapa, capitán del ejército de Cortés, con su *Relación* y a Gonzalo Fernández de Oviedo y Valdés (1478-1557), quien redactó su *Historia general y natural de las Indias*, la cual no fue publicada completa hasta 1851-55.

Gonzalo Fernández de Oviedo y Valdes nació en el mes de agosto de 1478, en el seno de una antigua familia asturiana de Madrid y muere

Conquista y colonización de Puerto Rico

Desembarco de los conquistadores españoles

en Valladolid durante el 1557, mientras supervisaba la publicación de su obra cumbre titulada: *Historia general y natural de las Indias*. Durante su vida, fue testigo presencial del apogeo cultural y político de España que se extendió por gran parte de Europa y del Nuevo Mundo. Fueron sus padres Miguel de Sobrepena y J u a n a de Oviedo. Fue educado en la casa de Alonso de Aragón que fue duque de Villahermosa y discípulo de Pedro Mártir de Anglería. A la edad de 13 años en 1491 fue mozo de cámara de don Juan, hijo de los Reyes Católicos, a quien le dedicó su obra titulada: *El libro de la Real Cámara real del Príncipe don Juan*. En este trabajo, Fernández de Oviedo expone su erudicción sobre las obras de diferentes autores clásicos y renancentistas como: Aristóteles, Tolomeo, Cicerón, San Agustín y Petrarca quienes son mencionados en sus escritos americanos. Muerto el príncipe en 1497, paso al servicio en la península italiana del duque de Milán, del marqués Francisco de Gonzaga y de los reyes de napolitanos F a d r i q u e y J u a n a. En Italia, se desempeñó en diversos oficios, a través de los cuales conoció a artistas como Leonardo y Miguel Ángel, y se distinguió como militar en diversas guerras. Regresó a España en 1502 y fue gentil hombre del duque de Calabria. En 1506 figuraba como "notario apostólico y secretario del Consejo de la Santa Inquisición". Para 1507 era escribano en Madrid y durante 1513 se embarcó hacia América con la expedición de Pedrarias Dávila, gobernador de Castilla del Oro. Una vez allí, ejerció los cargos de veedor de las fundiciones del oro y escribano real.

Conquista y colonización de Puerto Rico

Regresa a España en 1515 y marcha a Flandes, posteriormente se dirige al Reino de Napoles. Coincidió al mismo tiempo en Barcelona con Fray Bartolomé de Las Casas con quien estaba de acuerdo al lamentar el gobierno de España en América y su trato a los indoamericanos. Recibe el nombramiento de Procurador en Tierra Firme. En 1520 fue nombrado gobernador del Darién y se embarcó de nuevo para América, pero tres años más tarde regresa con Diego Colón. Para 1523 fue nombrado teniente de gobernador en Santa María la Antigua. Durante el 1525, redactó su obra titulada: *Sumario de la natural historia de las Indias* que la presentó al emperador Carlos V como un resumen o anticipo de su *Historia general*. El *Sumario* fue publicado un año más tarde en Toledo. Para el tiempo en que fue publicada esta obra, el mundo americano había dejado de ser algo fascinante y fue objeto de otros planteamientos administrativos y éticos. En 1532, fue nombrado Cronista y no renunció a las funciones del cargo de veedor. Para el 1533 ocupó la posición de alcalde de la fortaleza en Santo Domingo y se tituló como capitán aunque no ejerciera como tal. Se casó, tres veces con mujeres de España.

Fernández de Oviedo se opuso al mestizaje, pero de una forma contradictoria, pues se unió a una indígena. También fue partidario del trabajo obligatorio de los indígenas con quienes se lucró por medio del tráfico y a quienes consideraba inferiores y esclavos, aunque no dudaba que pudieran llegar a ser "buenos cristianos". Esta posición se refleja en el *Sumario de la Natural Historia de las Indias* (publicado en Toledo en 1526). Pero a la misma vez, denunció los excesos de los capitanes de la conquista. Esta última posición tuvo un interés personal y no fue por misericordia hacia los indígenas. También expuso la corrupción administrativa y el mal comportamiento de algunos clérigos. Sin embargo, justificó la presencia española en América, y en sus descripciones de los nativos americanos, se complacía describiendo sus defectos según su visión etnocéntrica. En sus escritos, se reveló como un firme defensor de los conquistadores y un encarnizado enemigo de los indígenas.

Durante su vida realizó seis viajes a América (1514-56), residiendo principalmente en Santo Domingo, pero también visitó Cuba, Panama., el litoral atlántico de Colombia y combatió contra los caribes en la isla Dominica. En el año de 1537, visitó la isla de Puerto Rico y presenció la construcción de la Fortaleza o Palacio de Santa Catalina en San Juan. Comentó sobre su escaso valor militar y señaló que esta fortificación debió ser construida sobre un promontorio rocoso a la entrada del puerto. El

Exploración de la isla

conocimiento obtenido en estos viajes le sirvió para describir la fauna, la flora y la geografía americana y las costumbres de los indígenas de estos paises en su principal obra titulada: *Historia general y natural de las Indias* la cual abarca el periodo comprendido desde la conquista hasta el año 1523. Durante el año 1535 publicó en Sevilla una obra titulada: *Historia general de las Indias* que sería más tarde la primera parte de su *Historia general y natural*. En el año 1556, viajó a España para publicar su magna obra y representar al regimiento de Santo Domingo en ciertos asuntos ante el Consejo de Indias. Cuando llegó a su destino, el emperador Carlos V se había retirado a un monasterio y en su lugar gobernaba la princesa doña Juana, hermana de Felipe II. Gonzalo de Oviedo consiguió el permiso correspondiente para imprimir su *Historia*. En este trabajo, Fernández de Oviedo, reporta sus observaciones desde la óptica de su tiempo y fue publicada de forma incompleta en Sevilla (1535) y Valladolid (1557). Sólo se publicó completa 316 años después de la muerte de su autor. La primera edición completa se debe a J. Amador de los Ríos (1851-55), Real Academia de la Historia de Madrid, en la que se han basado muchos de los estudios, incluyendo el de Alejandro Tapia y Rivera (1826-1882) titulado: *Biblioteca histórica de Puerto Rico: Que contiene documentos de los siglos XV, XVI, XVII y XVIII* publicado por el

Caney o buhío redondo según Oviedo

Casa Taína según Oviedo

Instituto de Literatura Puertorriqueña (1945). Otras ediciones de la *Historia* fueron: Las reediciones hechas por J.N. González (Asunción, Paraguay), y por J. Pérez de Tudela Bueso en la Biblioteca de Autores Españoles, CXVII-CXXI.

Oviedo murió en 1557 en Valladolid (España) a la edad de 69 años. Sólo llegó a publicar el libro XX, primero de la segunda parte y dejó inédita el resto de su *Historia* la cual pensaba completar con una cuarta parte basada en sus experiencias personales en el Nuevo Mundo. En general, los cronistas han sido estudiados por diferentes autores y bajo distintos ángulos. Cada autor ha intentado agruparlo bajo sus propios criterios. Pero como regla general, se percibe en todas las crónicas que la cultura del indígena fue suplantada por la del Conquistador. Pocos han sido los documentos que nos han llegado para intentar conocer en detalle las culturas prehispánicas y el proceso de gestación de las incipientes sociedades hispanoamericanas. Esta recopilación le ofrece al lector la oportunidad de tener acceso directo a una fuente primaria.

Conquista y colonización de Puerto Rico

Defensa de los taínos por el Padre Bartolomé de las Casas

Cemí de madera

Juan Ponce de Leon und die Guldekung von Florida (1850)

Conquista y colonización de Puerto Rico según el Cronista de Indias: Gonzalo Fernández de Oviedo y Valdés

TOMO II

LIBRO XVI

Comienza el libro décimo sexto de la *Natural y General Historia de las Indias, islas y Tierra Firme del mar Océano;* el cual tracta de la conquista y población de la isla de Boriquén[1], a la cual los cristianos llaman agora isla de Sanct Joan.

PROEMIO

Pues conviene para conclusión de la primera parte desta *General Historia de Indias,* dar particular razón de las otras islas, pues he recontado lo que he podido ver y entender de la principal dellas, llamada por los indios Haití e por los cristianos Española. pasemos a la de Boriquén, que agora se llama Sanct Joan, pues que en la verdad es muy rica e fértil y de mucha estimatión. Y como más brevemente pudiere, despues que haya dado fin a este libro XVI, pasaré a otras islas notables de quien tractaré en los libros siguientes. Y después diré de las demás, excepto de aquellas que están muy cercanas de la Tierra Firme, porque de las tales, en la segunda parte sera hecha mención en el lugar que convenga.

Y por no dar pesadumbre a los lectores con la repetición de una mesma cosa, bastará que en aquello que hobiere semejante a lo que está dicho, me refiera a la isla Española, porque en muchas cosas tienen semejanza, así en las aves como en los amimales y en las pesquerías y otras particularidades.

Y porque mejor se entienda, no seguiré a algunos auctores antiguos que se contentaron, cuando escribieron de alguna provincia, con decir las que están próximas a aquélla, para la dar a entender, e que como notorias, se entendiesen las unas por las otras; pero haré yo lo mesmo, que es como mostrar los aledanos o linderos, e también diré en qué paralelo o alturra e grados está asentada esta isla e las otras en quién hablare, e cuánto distan de la Equinocial, que es el mas cierto medir, o entender de todos, en este caso. E si esto hicieran los que escribieron deslas islas Hespérides (que yo por tales las tengo, por las razones que tengo alegadas en el tercero capítulo del II libro desta primera parte), no se perdiera la navegacion ni vinieran agora a tenerlas por Nuevo Mundo, como intitula Pedro Martir sus décadas *De orbe nova,* y lo escribió destas nuestras Indias. Porque ni esto de acá es más nuevo ni mas viejo de lo que son Asia, África y Europa. Pero porque en ninguna destas tres partes, en que los antiguos cosmógrafos dividen el mundo, no pusieron esta tierra e grandes provincias e reinos de nuestras Indias, paresció le al dicho auctor que sus *Décadas* y él tractaban de mundo nuevo.

Vista cosa es que África ni Europa no pueden ser estas Indias, pues que el río Nilo divide la África de la Asia por la parte oriental, y por el Poniente la rodea el Océano, e asimesmo por el Mediodía; y dáse en la cosmografía del Tolomeo, todo lo demá de la otra parte del Nilo, a Asia. Pues Europa también tienen los antiguos que la divide de Asia el río Tanais, e por la parte austral tiene el mar Mediterraneo, e por el Occidente mucha parte della circuye asimesmo el mar Océanoe parte superior del Norte tiene el mar congelado e los montes Hiperbóreos, e al Levante tiene a Sarmacia e Scitia y el mar Caspio, que es todo de Asia, etc. Pues visto e muy notorio está que estas nuestras Indias en ninguna manera pueden ser parte de Europa, ni de África, por lo que tengo dicho de sus límites; y que si han de tener particularidades de alguna de las tres, ha de ser con Asia. Y esto, cuando estoviese averiguado que la

Españoles cazando indígenas con perros. Una mujer se ahorca junto con su hijo para mantenerlo fuera del alcance de los perros. Grabado de Theodore de Bry

última tierra que en Asia estoviese al Oriente e delante del reino de la China u otra que estoviese o haya más occidental, se juntase con la parte más occidental de la Tierra Firme destas nuestras Indias, que es lo que está más al Poniente de la Nueva España, que acá llamamos. La cual, como no está toda descubierta aún, no se sabe si es mar o tierra en el fin, o si está toda por allí rodeada del mar Océano, lo cual yo más creo; e mi opinión, e de otros hasta agora, más sospechosa me da que no e parte de Asia, ni se junta con la qu Asia llamaron los antiguos cosmógrafos. Antes se tiene por más cierto que la Tierra Firme destas Indias es una otra mitad del mundo, tan grande, o por ventura mayor, que Asia, África y Europa; e que toda la tierra del universo está dividida en dos partes, y que la una es aquello que los antiguos llamaron Asia e África y Europa (que dividieron de la manera que he dicho), y que la otra parte o mitad del mundo es aquesta de nuestras Indias.

Y desta manera tuvo razón Pedro Mártir de llamarlo Mundo Nuevo, conforme a la noticia o razón que dieron los antiguos, e por lo que agora

Descripción de indígenas sudamericanos como caníbales.

paresce que ignoraron ellos e vemos nosotros. Porque, como tengo dicho en otras partes (y probado), que estas islas son las Hespérides, la Tierra Firme no la cuento por las Hespérides, sino por una mitad o mayor parte de dos principales que contiene el universe todo. Y que sea verdad ésta cosmografía de mi opinión, es la causa ver palpable la pintura de todo lo descubierto, e como nos enseñan las agujas del marear la   línia del diámetro, puntualmente, en las islas de los Azores, como más largamente lo toqué en el libro II. E desde aquéllas al Oriente, llamo yo la una mitad de todo el orbe, en la cual consisten Asia, África y Europa; e desde las mesmas islas al Occidente, la otra mitad, en que caen nuestras Indias e la Tierra Firme. La cual abre una boca en figura o forma de señuelo de cazador, e la punta que tiene al Norte es la tierra que llaman del Labrador, que está en sesenta grados, o mas, apartada de la Equinocial; y la punta que tiene al Mediodía. está en ocho grados, de la otra parte de la línia equinocial, la cual punta se llama el cabo de Sanct Augustín. Y partiendo de la una punta para la otra, tierra a tierra, sería menester navegar por tal costa más de tres mill leguas en la circunferencia de la parte interior, o por de dentro de las dos puntas del señuelo. Más queriendo andarlo por de fuera, de punta a punta, por la parte que rodea la mar esta grande tierra, habiendo de bo j ar o entrar por el estrecho que descubrió el capitan Hernando de Magallanes (si como dije de suso no se junta con Asia, pues de mi opinión es todo agua, e abrazada del mar

Océano), más de seis mill leguas habría de caminar qnien tal camino hiciese, e se han de hallar en la circunferencia de la Tierra Firme, por lo que se muestra de la nueva cosmografía. Porque desde la dicha punta o cabo de Sanct Augustin, corriendo a la parte austral, se dilata esta Tierra Firme hasta el dicho estrecho de Magallanes, que está en cincuenta e dos grados e medio. Pues entrad, cosmógrafos, por el estrecho que digo. e id a buscar, tierra a tierra, el cabo del Labrador a la parte del Norte, e veréis si será doblado el camino, el que por de fuera de estas puntas se habría de andar, que el que dije por la parte de dentro desta tierra.

Cuanto más que ni por de dentro ni por de fuera de las puntas, no está sabido puntualmente ni descubierto lo que hay, puesto que la mayor parte está vista en lo que está entre la una e la otra punta por de dentro, e vienen a ser estas nuestras islas como mediterraneas, conforme a lo que tengo dicho, e a lo que nos enseñan las cartas modernas de navegar. Pues de aquestas islas que están al Occidente de la línia del diámetro en nuestras Indias, o más al Poniente de las que se dicen de los Azores, escrebiré particularmente, en especial de las que están pobladas de cristianos, de mas e allende de la isla Española. que es la más principal e de quien he tractado en los libros precedentes.

Estas que agora quiero distinguir, son la isla de Boriquén, e la que los indios llaman Cuba y los cristianos Fernandina; e la cuarta sera Jamaica, que agora se llama Sanctiago; la quinta será Cubagua, que los cristianos llaman isla de las Perlas, o la Nueva Cáliz. Otras dos hay pequeñas, que también hay en ellas algunos cristianos, pero pocos, que son la que llaman la Margarita, cerca de la de Cubagua, y la otra es la Mona, que está entre esta isla Española e la de Sanct Joan. Y de cada una dellas se dirá alguna cosa, e primero de la Mona, pues que para ir desde aquesta isla de Haití o Española a la de Sanct Joan, dicha por otro nombre Boriquén, ha de pasar la mente, e aun los navíos que lo andovieren, por la isleta dicha Mona..

E así, con el auxilio soberano, como haya complido con estas particulares islas que he nombrado, se dirá en general de las de demás en su lugar, para dar conclusión a la primera parte desta *General e Natural Historia de Indias*. En la cual, aunque hay muchas novedades e cosas de notar, se verán muchas más e mayores en la segunda e tercera partes, si Dios fuere servido de me dejar escrebir en limpio lo que tengo notado de la Tierra Firme o mitad del universo que tengo dicho de suso. Porque, en la verdad, son cosas que nunca se oyeron ni pudieron ser escriptas hasta nuestros tiempos por otros auctores antiguos, ni alguno dellos habló en esta tierra. Porque lo que dijese en otras partes de las islas Hesperides, no obligan a ser la Tierra Firme las palabras de Solino de *Mirabilibus mundi,* ni los los auctores que con él se conforman en la navegación de los cuarenta días desde las islas Gorgades o de Cabo Verde. Pues que desde aquellas a la Tierra Firme más próxima a ellas, se podría navegar en mucho menos tiempo.

---

[1] La isla de Puerto Rico estaba dividida en 18 cacicazgos a la llegada de los españoles a las Antillas. Éstos eran:

a. Aimaco: Bajo la autoridad de *Amamón.*

b. Abacoa: Gobernado por *Arasibo.*

c. Sibuco: Tenía como cacique a *Guacabo.*

d. Toa: Bajo el liderato de *Aramana.*

e. Bayamón: Al mando de *Majagua.*

f. Guaynabo: Dirigido por *Mabo.*

g. Cayniabón: Al mando de *Canobana.*

h. Daguao: Presidido por *Yuquibo.*

i. Yaguecas: Gobernado por *Urayoan.*

j. Otao: Cacicazgo en la zona montañosa central, al mando de *Guarionex.*

k. Jatabonico: Tenía como cacique a *Orocovix.*

l. Turabo: Al mando del cacique *Caguax.*

m. Macao: Al mando del cacique *Jumaca.*

n Guania: Cacicazgo más grande de Puerto Rico, dirigido por *Agueybana.*

o. Guayama: Gobernado por *Guamani.*

p. Guayaney: Al mando de *Guaraca.*

q. Guajataca: Dirigido por *Mabodamaca.*

r. Haimanio: Al mando de la cacica *Yuisa* (Cayetano Coll y Toste, 1979:88-91).

Según Francisco Moscoso (1999:34), desde principios del siglo XI hasta inicios del XVI, los taínos desarrollaron el estadio del **cacicazgo** (del Taíno *cacique,* cabeza o jefe). Este sería el último nivel más avanzado de la sociedad tribal. Este nivel de desarrollo se caracteriza por ser una etapa transicional de la sociedad tribal a la sociedad de clases. En otras palabras, el cacigazgo fue una formación incipente estatal y de clases con una jurisdicción territorial definida la cual comprendía comunidades adyacentes de varios miles de habitantes.

Robert L Carneiro (1982:68-78) propone una hipótesis para explicar el surgimiento del Estado, llamada la **Teoría de la Circunscripción.** Dicha teoría se basa en tres principios básicos que son: la **concentración de recursos**, la **circunscripción del medio ambiente** y la **circunscripción social.** La concentración de recursos es la alta densidad de animales y plantas en un lugar específico. Como ejemplo de **circunscripción ambiental**, Robert L Carneiro (1982:76) presenta en el Viejo Mundo las civilizaciones que surgieron cerca de los deltas de los ríos Tigris y Eufrates y en el valle del Indo, en el Nuevo Mundo señala al valle de México y los valles montañosos del Perú. Según Robert L. Carneiro (1982:76-77), todos estos ejemplos antes mencionados tuvieron en común que las áreas utilizadas para la agricultura eran tierras circunscritas. También el mismo caso se puede aplicar al caso de la Amazonia. Aunque a primera vista se tiene la impresión en esta área de que el medio ambiente es homogéneo, una observación más detallada demuestra que las riberas de los ríos y las islas en éstos ofrecen una clase de terreno, llamado **várzea**[2], que es cubierto año tras año por el sedimento del río el cual es rico en nutrientes. La **várzea**[2] puede ser cultivada todos los años sin perder la fertilidad. Esto causa un gradiente ecológico entre los suelos riberinos y las tierras adyacentes. Como resultado, los grupos humanos tendieron a concentrarse a lo largo de los ríos, lo que causó competencia por la tierra y guerra intergrupal. Los grupos perdedores sólo tuvieron como opción someterse a los triunfadores para poder seguir teniendo acceso al río. De esta forma, surgieron unidades políticas más grandes que conformaron los cacicazgos amazónicos (Robert L. Carneiro, 1982:77).

Es posible aplicar este modelo ambiental al surgimiento de los cacicazgos taínos en Puerto Rico y La Española. En Puerto Rico el 75% del terreno es montañoso. Las montañas y colinas con una elevación sobre el nivel del mar de más de 500 pies se concentran en el interior insular (Celeste Sánchez, 2001:46). Al igual que Puerto Rico, La Española es altamente montañosa (Marcio Veloz Maggiolo,1972:32). El sistema de valles aislados por los sistemas montañosos insulares pudieron haber actuado como un factor de **circunscripción ambiental**, concentrando los recursos (animales y plantas), la tierra fértil y la gente. El arqueólogo Irving Rouse (1952:467-468) en sus excavaciones en el interior montañoso de Puerto Rico señala lo siguiente:
"Flat areas of suporting a large population are not common in the

interior and they occur at irregular intervals. Most of them nestle deep in the valleys, where rivers have been able to carve out narrow flood plains. Others are perched hight above, where the mountain ridges broaden into small plateaus. Most lie north of divide and , being apart, are relatively isolated. The modern population of central Porto Rico tends to concentrate in these flat areas, and they probably also serve as foci for aboriginal population. It was in them that we located most of the archaeological sites. "

En este párrafo, Irving Rouse (1952) describe el aislamiento de los valles intramontanos y plantea que éstos pudieron mantener a una gran población indígena durante los tiempos prehistóricos. En el párrafo que sigue al anteriormente citado, Irving Rouse (1952) comenta: "Except for their small size and relatively isolation, the flat areas must have been **well suited for indian habitation**. The **soil is fertile** and there are few outcrops of rocks. Rain falls abundantly, and the mountains most have been heavily wooded during prehistoric times." (Irving Rouse, 1952:468).

Las observaciones hechas por Irving Rouse (1952) señalan un gradiente ecológico entre los valles interiores con las montañas circundantes. También menciona la concentración de recursos en dichos valles intramontanos y la fertilidad del suelo. La concentración de recursos bien pudo causar la aglomeración de grupos humanos en éstos y la competencia intergrupal por los recursos. Como resultado, se origina la lucha intergrupal causando la sumisión de un grupo por otro lo que pudo producir unidades políticas más grandes.

J. Alden Mason (1941:241, Vol XVIII, Part 2), al excavar el área de Caguana en el Municipio de Utuado (región montañosa central) en Puerto Rico hace la siguiente observación: "The region of Utuado **seems to have been the center of a large aboriginal population**, for natives artifacts and places showing evidence of native occupancy are frequently encountered in this district." J. Alden Mason (1941) señala en su anterior aseveración que el interior montañoso de Puerto Rico (Utuado) pudo mantener una gran población indígena lo que es demostrado por la gran cantidad de lugares arqueológicos encontrados por él.

El otro principio fundamental de la teoría de Robert L Carneiro (1982:77) es la **circunscripción social** observada por Napoleon Chagnon entre los indios *Yanamanö* de Venezuela. Los *Yanamanö* viven en el bosque tropical, el cual no está circunscrito o limitado, lejos de cualquier río. Es de esperarse que los poblados de los *Yanamanö* estén igualmente distanciados unos de otros. Sin embargo, Chagnon notó que en el centro del área ocupada por esta etnia, los poblados están más cerca unos de otros que en la periferia. Como resultado, los poblados de la periferia pueden escapar más facilmente a las represalias bélicas de sus vecinos después de haber hecho cualquier incursión que las que se encuentran en el centro, por tener estas últimas sus movimientos más restringidos. Esto causa que los poblados en el centro de la región ocupada por los *Yanamanö* sean más grandes que los de la periferia, lo cual es una ventaja tanto para la defensa como para el ataque (Robert L. Carneiro, 1982:77). Los cronistas señalaron claramente la lucha constante de los taínos contra los indios caribes. Estos últimos empezaron una serie de conquistas por las Antillas Menores y a la llegada de los europeos estaban tratando de apoderarse de las Antillas Mayores. No es de extrañar que los diferentes cacicazgos taínos hayan formado alianzas para luchar contra la amenaza común y que los cacicazgos más pequeños se hayan fusionado con otros o que fueran absorbidos por los más grandes para formar unidades políticas mayores. Esta situación sólo pudo favorecer el liderato centralizado representado en la figura del cacique y en un grupo dirigente que lo asistiese.

Peter E. Siegel (1991:232) señala como factor de formación de los cacicazgos taínos el aspecto ideológico a través del culto a los ancestros (de los muertos). En la **Fase Saladoide**, los yacimientos arquelógicos demuestran montículos funerarios de forma circular que contienen los artefactos más elaborados. Los Saladoides pudieron ser una sociedad de rangos sin liderato centralizado conocida como **"tribu compleja"** en la cual se realizan actividades comunes y los individuos tienen variaciones en su estatus. Durante la **Fase Ostionoide** se observa que los cemíes son pequeños y elegantemente simples, pero dentro de esta simplicidad tienen grabadas caras antropomorfas (los cemíes taínos son más grandes y tienen caras antropomorfas y zoomorfas). Según Peter E Siegel (1991:232), los motivos antropomorfos en el arte indican un aumento en la jerarquía de la organización política. Además, los espacios ceremoniales ostionoides **(plazas y bateyes)** fueron usados como cementerios. Finalmente, en la **Fase Taína**, los espacios ceremoniales se han fragmentado (más de una plaza o multiestructurales) lo que refleja que son muestra importante de unidad política y de la diferenciación en autoridad. El liderato centralizado que se está gestando utiliza el culto a los muertos o antepasados como mecanismo para consolidar su poder por medio de rituales. El cacique participa del rol del bohique (chamán) en los rituales inducidos por alucinógenos. En esta fase surge la solidaridad del clan y la reafirmación de los linajes ancestrales por medio de rituales.

Por otro lado, Francisco Moscoso (1999:46-47) plantea que el surgimiento de los cacicazgos taínos fue producto del aumento poblacional y de la producción que como resultado produjo que un grupo pudiera ser relevado de la actividad económica. Aquí surgió la primera forma de explotación en la sociedad tribal que fue la diferenciación entre los principales y los comunes Esto posibilitó la separación de productores y no productores.. Como resultado, los sectores de la sociedad que ya estaban diferenciados a base de prestigios y rangos fueron los que estaban en la posición de asumir el control sobre el proceso productivo. De esta forma, las relaciones de parentesco tribal fueron pasando a un plano secundario mientras que las relaciones de producción se determinan por las posiciones desiguales en el proceso productivo. Esto provocó que un sector de la sociedad estableciese posiciones dominantes y privilegiadas a base de apropiarse, despojar, extraer y sacar provecho del trabajo ajeno subordinado. Es importante señalar que Francisco Moscoso (1999) parte de la **teoría automática** originada por el arqueólogo inglés V. Gordon Child. Según Robert L. Carneiro (1982:73), esta teoría presenta que el aumento en la producción es automático y releva a una serie de individuos de sus deberes productivos quienes a su vez cambian a otras actividades económicas, lo que causa el surgimiento de los especialistas. Francisco Moscoso (1999) no explica los mecanismos de los procesos señalados por él y como bien señala Robert L. Carneiro (1982:73), la agricultura por si sola no crea un excedente de alimentos. Por ejemplo, los pueblos indígenas de la Amazonía en tiempos precolombinos tenían la técnica para aumentar la producción agrícola, pero no fue sino hasta la llegada de los europeos y con el subsiguiente aumento poblacional que se vieron impulsados a hacerlo (Robert L. Carneiro, 1982:73).

---

[2] Para un estudio detallado puede consular a :

Morán, Emilio, F. (1993). *La ecología humana de los pueblos de la amazonía.* México: Fondo de Cultura Económica.

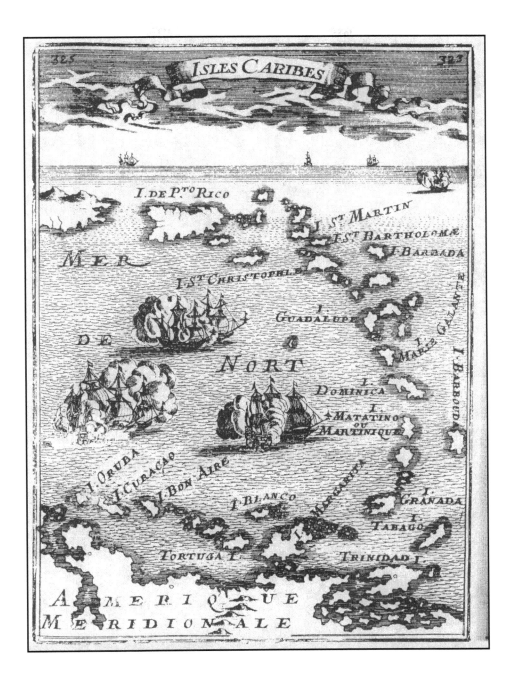

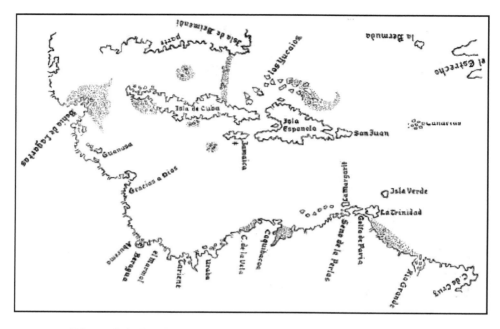

Mapa del Caribe por Pedro Mártyr de su obra *Orbe Novo*
(1511-1530)

CAPÍTULO I

En que se tracta del asiento de la isla de la Mona e de la de Boriquén, que agora se llama isla de Sanct Joan, y otras particularidades.

Llaman los indios Boriquén a la isla que agora los cristianos llaman Sanct Joan, la cual está, al Oriente desta isla Española, veinte e cinco o treinta leguas. Y en la mitad deste camino esta la isla de la Mona, en diez e siete grados de la línia equinocial, a la parte de nuestro polo ártico. La cual isla de la Mona es muy pequeña isleta, e baja e llana, que podra tener de circunferencia tres leguas, poco más o menos; pero es fértil y habitada de pocos cristianos e algunos indios, y está a cargo de Francisco de Barrionuevo, que poco ha fué por gobernador de Castilla del Oro. Hay en ella mucha pesquería e tiene buena agua. E la granjería della es de pan del cazabi que he dicho, que es el pan de los indios, e buen maíz. Hay muchos e buenos cangrejos de los colorados, que son mejores que los otros. Y hay muy buena hortaliza, e hácense allí muy singulares melones de los de Castilla; pero como es poquita tierra, de lo que más sirve es en lo que he dicho, y también porque algunas naves hallan allí agua, cuando vienen con nescesidad della.

No pararé más en esto por ir a la de Boriquén o Sanct Joan que está otras doce o quince leguas adelante, más al Oriente de la Mona; en la punta de la cual, al Occidente. tiene un isleo redondlo e alto, que se llama Cicheo, el cual es deshabitado. Pero la mesma isla de Sanct Joan tiene de longitud cincuenta e cinco leguas, pocas más o menos; y de latitud hasta diez y ocho o veinte, donde es más ancha. E de ahí abajo. en algunas partes, doce e quince, segund la forma e figura que tiene.

La parte occidental della está en diez e siete grados, e por la parte del Norte cuasi en diez e ocho, e así va del Leste al Hueste. Por la parte del Norte es costa brava, excepto la bahía donde agora está el pueblo principal de ella; todo lo demás es peligrosa costa, por ser traviesa del Norte. Por la parte del Oriente tiene muchas islas pequeñas e bajas, llamadas las Virgenes; e por la parte austral tiene otras islas pequeñas, al luengo de la costa; y al Occidente tiene el isleo del Cicheo, que dije de suso, e aquesta isla Española, segund he dicho.

Es aquesta isla muy rica de oro., e hase sacado en ella en grand cantidad, e se saca continuamenle, en especial en la costa o banda del Norte. De la parte que esta isla tiene mirando al Sur, es muy fértil de mantenimientos de mucho pan de cazabi[1], o de maíz e de todo lo demás que los indios cultivaban e tenían en la isla Española. Y es de muy buenas pesquerías, a causa de lo cual vivía e señoreaba en aquella parte el mayor señor de la isla, al cual obedecian otros muchos caciques.

Hay asimesmo en esta costa del Mediodía muchos e buenos puertos. En las aves e animales e pescados e árboles. y en el traje o habito, y en la manera de la gente, no difieren en cosa alguna de lo que tengo dicho de la isla Española, excepto que estos indios de Sanct Joan eran flecheros e más hombres de guerra; pero así andan desnudos e son de la mesma color y estaturas. Y la manera de las barcas o canoas [2] es así como se ha dicho en lo que he escripto de la isla Española o Haití, y lo que hobiere diferente a ella, se dirá adelante en algunas cosas particulares. Pero antes que a éstas vengamos, diré de la manera que fué conquistada esta isla por los cristianos, juntamente con algunas cosas notables que en la pacificación della pasaron.

Esta isla tiene cuasi por la mitad della, tan luenga como es, una hermosa sierra con muchos e muy buenos ríos e aguas en muchas partes della; pero el mayor e más principal entra en la banda de la mar del

Norte e se llama Cairabón; otro se dice Tainiabón. en la mesma costa. mas al Oriente; otro llaman Bayamón, el cual entra en la bahía que confina con la isla, en que está asentado el pueblo principal, llamado la cibdad de Sanct Joan de Puerto Rico. Porque una ría de agua salada pasa por la mesma mar a la dicha bahía e deja dividido aquel espacio e término en que está, al un canto y en lo más alto de la costa, la dicha cibdad llamada. como la isla, Sanct Joan; y es cabeza de obispado e gentil población, y habrá en ella hasta cient vecinos, con una iglesia catedral, de la cual aún vive el primero obispo llamado don Alonso Manso, religiosa persona e buen perlado. El cual fué sacristán mayor del serenísimo príncipe don Joan, mi señor, y después que el príncipe pasó desta vida, fue por el Católico Rey elegido a esta dignidad e obispado en el mesmo tiempo que fueron eregidas las iglesias e obispados de la isla Española, año de mill e quinientos e once años, y ha seido hombre de grande ejemplo e sancta persona.

Hay en esta cibdad de Sanct Joan un muy gentil monesterio de la Orden de los Predicadores, e muy bien edificado, aunque no de todo punto acabado.

El río más oriental, en la mesma costa y al levante de la dicha cibdad, se llama Luisa; donde tuvo su asiento una cacica que fué después cristiana e se llamó Luisa, la cual mataron los indios caribes, como se dirá adelante. Y el más occidental río se dice Canuy; pero el mayor de toda la isla es Cairabón, como tengo dicho.

A la parte occidental desta isla está una villa que se dice Sanct Germán, en que habrá hasta cincuenta vecinos; el puerto della no es bueno, porque es un ancón o bahia grande, desabrigada, en la cual entra un río que se dice Guaorabo. Y en la mesma costa del Poniente hay otros ríos, así como el Aguada e Culibrinas, entre los cuales estuvo ya un pueblo llamado Sotomayor. Y de la otra parte de Sanct Germn, hacia el Sur, en la mesma costa del Poniente, están Mayagüex e Corigüex, ríos, e más adelante está la punta que llaman el Cabo Rojo. Y de la banda del Sur, subiendo desde el Occidente, está, primero, una bahía donde estuvo un pueblo que se llanio Guánica; y más al Leste está otra bahia redonda y de buen puerto, llamado Yauco; y más oriental esta el río de Baramaya; e más adelante está el río que llaman Xacagua, en frente del cual está una isla llamada Angulo (puesto que ella es redonda). Y más al Levante, casi en medio de esta costa del Sur, están las salinas, e delante de ellas está el rio de Guayama; y mas al Oriente está otro río que se dice Guaibana; y más adelante otro que llamnan Guayaney; y más adelante otro que se nombra Macao; y adelante, en la frente o parte de la isla que mira al Levante, está otro río que se dice Fajardo.

Alegoría del cemí Taíno como un demonio. Theodore De Bry

Todos estos ríos de la banda del Sur, e también los de la parte del Norte, penden e han sus nascimientos en la montaña o sierra que tengo dicho, que va por medio de la isla del Leste al Hueste, de luengo a luengo de la tierra toda, e por sus vertientes reparte los ríos que tengo dicho; los cuales por la mayor parte son pequeños; más algunos de ellos son buenos ríos, pero todos inferiores o menores que el que se llama Cairabón, que está de la parte del Norte. E aquesta costa es la más rica de oro en la isla. Y como el aire es templado y las aguas naturales las que tengo dicho, es toda la isla fertilísima; e así abunda de muchos ganados de todas las maneras que los hay en la isla Española, de vacas y ovejas e puercos,. e caballos, e todo lo que en los libros precedentes queda escripto en loor de Haití o isla Española.

[1] Los taínos hicieron de la agricultura la base fundamental de su economía, al situarla por encima de la caza, la pesca, y de la recolección silvestre, aunque la siguieron practicando. Para preparar el terreno para la siembra, utilizaban la *coa*, larga vara puntiaguda endurecida al fuego. Entre los productos cultivados estaba el maíz (que no tuvo en las Antillas la trascendencia que en México), la batata (*Ipomeas batata*), la yuca (*Manihot utilissima*), yautía (*Xantosoma sagittifolium*), cacao -con el cual preparaban una bebida, lerén (*Calathea allowica*), auyama, maní, ananá, jobo, entre otros. Posiblemente, muchas de estas plantas llegaron con las primeras migraciones. La más importante de esas plantas fue la **yuca** (Valentina Pequero y Danielo de Los Santos, 2002).

El Taíno lavaba la yuca y raspaba la película externa del tubérculo con la concha de una almeja llamada *caguará*. Obtenían una harina, la *catibia,* rallando la yuca contra una tabla de palma de yagua sembrada de piedras silicuas conocida como *guayo* . Al final se recogía la harina en una artesa o *guarikitén*. Toda esta masa la ponían en una especie de saco o *sibucán*   el cual colgaban de un árbol y lo iban exprimiendo por medio de un palo colgado a otro extremo. De esta forma extraían los líquidos venenosos (la *naiboa*) que contenía el tubérculo. Al final la harina era cernida sobre una parrilla de cañas para hacer unos panes redondos del grueso de dos dedos humanos. Estos panes eran cocidos en cazuelas o platos llamados *buren* que colocaban sobre el fuego. Con la mejor harina hacían un casabe selecto que llamaban *xau-xau* y también extraían el almidón de este tubérculo (Calletano Coll y Toste, 1979:123-124).

[2] Para ver un estudio del vocablo *canoa* puede referirse a Taylor (1957).

Entre las más claras evidencias del dominio del mar por los antiguos antillanos está el dato histórico de la huída a Cuba en canoa del cacique *Hatuey*, quien luego de haber luchado contra los españoles en La Española se hizo a la mar y en aquella isla se convirtió en líder guerrero taíno. Esto hace suponer que los viajes en canoa eran frecuentes. Las enormes canoas con capacidad para 100 personas que mencionan los Cronistas de Indias y el avistamiento de éstas en lugares tan lejanos como Honduras, respaldan esta tesis. El Cronista Gonzalo Fernández de Oviedo menciona que los taínos de La Española construían canoas de una sola quilla capaces de llevar numerosos individuos. Cristobal Colón habla de una canoa arauaca en Jamaica con casi 100 pies de largo por ocho de ancho (Marcio Veloz Maggiolo, 1972:108).

La canoa no sólo desempeñó un papel importante en el poblamiento antillano, sino también en el comercio taíno. Fernando Pérez Memén (2000:15) señala que los taínos de Haití practicaron el comercio interinsular. Para esto fue muy importante la canoa como instrumento de transporte. La fabricación de ésta fue una de las principales ocupaciones de los indígenas, por la importancia que tenía como medio de transporte, tanto para la guerra, pesca e intercambio de bienes y materias. Es importante señalar que los caciques taínos tuvieron una participación especial en las empresas marítimas. El cronista Andrés Bernáldez, quien fue arzobispo de Sevilla y consejero real de Fernando e Isabel, menciona que cada cacique era dueño de una canoa grande y hermosa. Es posible que no sólo el cacique participara con su embarcación en actividades bélicas, sino también en expediciones de intercambio (Fernando Pérez Memén, 2000:15).

Los conocimientos geográficos que tenían los taínos debido a su intensa actividad canoera se constata con los indígenas que sirvieron de guía a Cristobal Colón. Colón en su *Carta del Descubrimiento* menciona:

" Me quedan de la parte del poniente (Cuba) dos provincias
que yo no he andado, la una de las llaman Avan, donde
nacen las gentes con cola. Las quales provincias no pueden
tener en longua menos de L o LX leguas, según puedo
entender de estos yndios que tengo, los quales saben todas
las islas."

Juan Ponce de León. Library of Congress Collection

CAPÍTULO II

Cómo por mandado del comendador mayor de Alcántara, don frey Nicolás de Ovando, gobernador de la isla Española, se comenzó a poblar de cristianos la isla de Boriquén (que agora llamamos de Sanct Joan), por mano del capitán Joan Ponce de León, y de otras particularidades a esto concernientes.

Después que el comendador mayor don frey Nicolás de Ovando vino por gobernador a la isla Española, e hobo conquistado en ella e pacificado la provincia de Higüey, que es a la parte más oriental de toda la isla, y más vecina a la isla de Boriquén o de Sanct Joan, de quien aquí se tracta, puso por su teneinte en aquella villa de Higüey a un capitán, hombre de bien e hidalgo, llamado Joan Ponce de León. El cual yo conoscí muy bien, e es uno de los que pasaron a estas partes con el Almirante primero, don Cristóbal Colom, en el segundo viaje que hizo a estas Indias. E cómo se había hallado en las guerras pasadas, teníase experiencia de su esfuerzo y persona, y era tenido por hombre de confianza y de buena habilidad. Y como éste había sido capitán en la conquista de Higüey, tuvo noticia desde aquella provincia e alcanzó a saber de los indios, que en la isla de

Alegoría simbólica en la cual el rey Fernando el Católico dirige a Colón en su travesía. Dibujo de Guilano Dati (1493).

Boriquén o Sanct Joan había mucho oro. Y sabido, comunicólo en secreto con el comendador mayor, que a la sazón residía en la isla Española, el cual le dió licencia para que pasase a la isla de Sanct Joan a tentar e saber qué cosa era; porque aunque la isla ya se sabía y había sido descubierta por el Almirante primero, no estaba conquistada ni pacifica. Y para este efeto, tomó un carabelón con cierta gente e buenas guías de indios, e fué a la tierra del principal rey o cacique de aquella isla, el cual se llamaba Agüeibana, como el río que se dijo de suso. Del cual fué muy bien recebido y festejado, dandole de aquellas cosas que los indios tienen para su mantenimiento, e mostrando que le placía de le conoscer e ser amigo de los cristianos. Y su madre e padastro del cacique mostraron que holgaban mucho con los cristianos. Y el capitan Joan Ponce puso nombre, a esta cacica, doña Ines, y a su marido, don Francisco, y a un hermano della hizo llamar Añasco, porque el mesmo indio quiso que lo llamasen como a un hidalgo que iba con el Joan Ponce, que se decía Luis de Añasco. Y al mesmo cacique Agüeibana le puso nombre Joan Ponce, como se llamaba el mesmo capitán que digo; porque es de costumbre de los indios en estas islas, que cuando toman nueva amistad, toman el nombre proprio del capitán o persona con quien contraen la paz o amicicia.

Este cacique era buena persona e muy obediente a su madre; y ella era buena mujer, e como era de edad, tena noticia de las cosas acaecidas en la conquista e pacificacion de la isla Española, e como prudente, continuamente decía e consejaba a su hijo e a los indios, que fuesen buenos amigos de los cristianos, si no querían todos morir a sus manos.Y así, por estas amonestaciones, el hijo se anduvo con el capitan Joan Ponce, y le dió una hermana suya por amiga, y le llevó a la costa o banda del Norte de aquella isla, y le mostró algunos ríos de oro, en especial el que se dice, en aquella lengua, Manatuabón, y otro que llaman Cebuco, que son dos ríos ricos; de los cuales el capitán Joan Ponce hizo coger oro, e trujo gran muestra dello a esta isla Española al comendador mayor, dejando en la isla de Sanct Joan algunos cristianos muy en paz e amistad con los indios.

Y cuando Joan Ponce llegó a esta cibdad de Sancto Domingo, halló que ya era venido el segundo Almirante, don Diego Colom, y que estaba removido de la gobernación el comendador mayor. E vino entonces con el Almirante un caballero que había seido secretario del serenísimo rey don Felipe, llamado don Cristobal de Sotomayor, que yo conocí muy bien, hijo de la condesa vieja de Camiña, y heredero del conde de Camiña; el cual don Cristóbal era hombre generoso e noble, al cual el Rey Católico enviaba por gobernador de la isla de Sanct Joan; pero el Almirante no dió lugar a ello, aunque con él había venido, ni le consintió quedar en aquella isla, e vinose aquí a esta cibdad de Sancto Domingo, de la isla Española, desde la cual, el capitán Joan Ponce se volvió a Sanct Joan y llevó allá a su mujer e hijas; pero excluido del cargo, porque el Almirante envió allá por su teniente e alcalde mayor a Joan Cerón, e por alguacil mayor a Miguel Díaz, del cual en otras paries se ha hecho mención. E aquestos dos gobernaron cuasi un año aquella isla.

Y como el comendador mayor era ido ya en España, fizo relación de los servicios de Joan Ponce, e negocio con el Rey Católico que le diese la gobernación de aquella isla, e asi Je envió la provisión real para ello. El cual. por virtud della, fué admitido al oficio de gobernación como teniente del Almirante don Diego Colom; pero puesto por el Rey, porque le paresció que así convenía a su servicio; y desde a pocos días que tomó el cargo Joan Ponce, prendió al alcalde mayor Joan Cerón y al alguacil mayor Miguel Díaz, por algunos excesos de que los culpaban, y enviólos presos a España para que se presentasen en la corte ante el Rey Católico, e hizo su alcalde mayor a don Cristóbal de Sotomayor. Al cual, en lo aceptar, siendo tan generoso, e hacerse inferior en tal oficio (ni otro) de Joan Ponce, e aun porque no era bien tractado, o él, e muchos, se lo tuvieron a poquedad, como en la verdad lo era; porque demás de ser de tan clara e noble sangre, poco tiempo antes había seído secretario del rey don Felipe, nuestro señor, como tengo dicho; y el Joan Ponce era un escudero pobre cuando acá pasô, y en España había sido criado de Pero Nuñez de Guzmán, hermano de Ramiro Nuñez, señor de Toral. El cual Pero Nuñez, cuando le sirvió de paje Joan Ponce, no tenía cien mill maravedís, o poco más, de renta, puesto que fuese de ilustre sangre; y después fué ayo del serenísimo señor Infante don Fernando, que agora es Rey de los romanos. Quiero decir que de la persona de don Cristóbal a la de Joan Ponce, había mucha desigualdad en generosidad de sangre, puesto que el Joan Ponce estaba reputado por hidalgo y tuvo persona y ser para lo que fué después, como se dirá en la prosecución de la historia. Así que, los que habían ido con el capitán Joan Ponce, como los que llevó don Cristóbal, todos le tuvieron a mal haber aceptado tal cargo; y por eso, como corrido dello, e reconociendo su error, dejó el oficio e no lo quiso, como arrepentido; pero no sin ser culpado en lo haber tomado.

Desde a poco tiempo, el capitán Joan Ponce vino a esta cibdad de Sancto Do mingo, e trujo consigo al cacique Agüeibana para ver !as cosas desta isla Española, la cual en aquella sazón estaba muy poblada de indios y de cristianos. E si este cacique Agüeibana o su madre vivieran, nunca hobiera rebelión ni las maldades que subcedieron en los indios de Sanct Joan; pero desde a poco tiempo murieron madre e hijo, y heredó el señorío un hermano suyo, el cual naturalmente era malo e de peores deseos. Y éste estaba encomendado a don Cristóbal de Sotomayor por repartimiento, y púsole su nombre e llamábanle don Cristóbal. Y era tan buen caballero su amo, don Cristobal de Sotomayor, y tan noble, que cuanto él tenía daba a aquel traidor de su cacique, en pago de lo cual y de las buenas obras que le hizo, le mató muy crudamente de la manera que adelante se dirá; así por complir con el odio que a su señor e a los cristianos tenía, como porque, en la verdad, esta gente destos indios a natura es ingrata y de malas inclinaciones e obras; e por ningún bien que se les haga, tura en ellos la memoria ni voluntad para agradescerlo.

La ciudad de San Juan por Carolus Allard (1700).
The Library of Congress Collection

CAPÍTULO III

Que tracta del primero pueblo de cristianos que hobo en la isla de Boriquén o Sanct Joan, por qué se mudó adonde se hizo después.

En el tiempo que Joan Ponce gobernaba la isla de Sanct. Joan, hizo el primero pueblo que los cristianos tuvieron en aquella isla, a la banda del Norte, e púsole nombre Caparra. En el cual pueblo hizo una casa de tapias, e andando el tiempo hizo otra de piedra; porque en la verdad, era hombre inclinado a poblar y edificar. Más este pueblo, por la indisposición del asiento, fué malsano e trabajoso, porque estaba entre montes y ciénegas, e las aguas eran acijosas, e no se criaban los niños. Antes, en dejando la leche, adolescían e se tornaban de la color del acije, y hasta la muerte, siempre iban de mal en peor, y toda la gente de los cristianos andaban descoloridos y enfermos. Estaba este pueblo una legua de la mar,

Indígenas removiendo la parte interior de un tronco con herramientas para construir una canoa. Theodore De Bry, siglo XVI.

el cual intervalo era todo de ciénegas e muy trabajoso de traer los, bastimentos a la villa, el fundamento de la cual, o su principle, fué el año de mill e quinientos e nueve.

Y estuvo aquella república o villa en pie doce años, poco más o menos, hasta que después se mudó adonde al presente está, que es una villeta puesta en la mesma bahía donde las naos solían descargar; pero adonde se mudó y está agora el pueblo, es muy sano, aunque en la verdad, las cosas nescesarias son dificultosamente o con mucho trabajo habidas, así como buena agua. e la leña, e hierba para los caballos e para cobrir las casas; porque los más se sirven. destas cosas e otras por la mar, con canoas e barcas.

35

Españoles quemando un poblado indígena por Theodore de Bry

CAPÍTULO IV

Del pueblo de Guánica, e por qué se despobló e se hizo otro que se llamó Sotomayor, e del levantamiento e rebelión de los indios, e cómo mataron la mitad de los cristianos que había en la isla de Sanct Joan, y del esfuerzo e cosas hazañosas del capitán Diego de Salazar.

Entrante el año de mill e quinientos e diez años, fué la gente que don Cristóbal de Sotomayor llevó, e otros que pasaron desde aquesta isla Española a la de Sanct Joan, e hicieron un pueblo que se dijo Guánica, que es cuasi al cabo de la isla, donde está una bahía que se cree que es una de las mejores que hay en el mundo; e desde allí descubrieron cinco ríos de oro, a cinco leguas del pueblo de Guánica, llamados Duyey, Horomico, Icau, In, y Quiminén. Pero en este pueblo hobo tantos mosquitos, que fueron parte muy bastante para lo despoblar, e pasóse aquella gente e vecinos al Aguada que se dice, al Hues-Norueste, e llamaron a este otro nuevo pueblo o asiento, Sotomayor.

Conquista y colonización de Puerto Rico

Y estando en este pueblo, se alzaron los indios de la isla un viernes, cuasi al principle, del año mill e quinientos e once, estando los indios e los cristiano en mucha paz, e tuvieron aquesta forma para su rebelión. Ellos vieron que los cristianos estaban derramados por la isla, e así, cada cacique mató los que estaban en su casa o.. tierra: por manera que en un mesmo tiempo mataron ochenta cristianos o más. Y el cacique Agüeibana, que también se decia don Cristóbal, como más principal de todos, mandó a otro cacique dicho Guarionex, que fuese por capitán e recogiese los caciques todos e fuesen a quemar el pueblo nuevo llamado Sotomayor. Y para esto se juntaron mas de tres mill indios; y cómo todo lo de alrededor del pueblo, hastaé, eran arcabucos y montes cerrados de arboledas, no fueron sentidos hasta que dieron en la villa, puesto que un indio, niño los vido e lo dijo; pero no fue creido. E así como dieron de súbito, hobieron lugar de pegar fuego al pueblo e mataron algunos cristianos e no quedara ninguno con la vida, si no fuera por un hidalgo que en aquella villa vivía, llamado Diego de Salazar, el cual, demás de ser muy devoto de la Madre de Dios, y de honesta vida, era muy animoso hombre y de grande esfuerzo. Y cómo vido la cosa en tan mal estado e a punto de ser perder todos los cristianos que quedaban allí, los acaudilló e puso tan buen corazón en los que estaban ya cuasi vencidos, que por su denuedo e buenas palabras, los esforzó e persuadió a que con gran ímpetu e osadía, como varones, se pusiesen a la resistencia. E así lo hicieron, y pelearon él y ellos contra la moltitud de los enemigos, de tal manera, que los resistió, e como valeroso capitán, a vista de los contrarios, recogió toda la gente de los cristianos que habían quedado, e los llevó a la villa de Caparra, donde estaba el capitán Joan Ponce de Leon, que, como he dicho ya, era gobernador de la isla. E todos los que allí fueron, dijeron que después de Dios, Diego de Salazar les había dado las vidas. Quedo desto tanto espanto en todos los indios, y en tanta reputación con ellos la persona de Diego de Salazar, que le temían como al fuego, porque en ninguna manera podían creer que hobiese hombre en el mundo tan digno de ser temido.

Verdad es que antes desto ya el mesmo Diego de Salazar había hecho otra experiencia de su persona con los indios, e tan grande, que si ellos pensaran hallarle en la villa de Sotomayor, no osaran ir allá, aunque, como he dicho, eran mas de tres mill. Pero porque pasemos a lo demás, pues se ha tocado del esfuerzo e persona deste hidalgo, diré otro caso muy senalado dél, donde hobo principio la reputación e concepto en que los indios le tenían e por qué le temían, e fué ésta la causa.

Un cacique que se decia del Aimanio, tomó a un mancebo cristiano, hijo de Pero Xuárez de la Cámara, natural de Medina del Campo, e atólo, e mandó que su gente lo jugasen al batey [1] (que es el juego de la pelota de los indios), e que jugado, los vencedores lo matasen. Esto sería hasta tres meses antes de lo que tengo dicho que hicieron en la población de la villa de Sotomayor. Y en tanto que comían los indios, para después en la tarde hacer su juego de pelota, como lo tenían acordado, sobre la vida del pobre mancebo, escapóse un muchacho, indio naboria del preso. Pero Xuárez, e fuese huyendo a la tierra del cacique de Guarionex, donde en esta sazón estaba Diego de Salazar. E como el muchacho lloraba, pesándole del trabajo e muerte en que dejaba a su señor, el Salazar le preguntó que dónde estaba su amo, y el indio le dijo lo que pasaba; e luego el Salazar se determinó de ir allá a morir o salvarle, si pudiese; más el muchacho, temiendo, no quería volver ni guiarle. Entonces Diego de Salazar le amenazó e dijo que lo mataría si no iba con el y le enseñaba donde tenían los indios a su amo; de manera que hobo de ir con él. E llegado cerca de donde estaban, esperó tiempo para que no le viesen hasta que diese en los indios. Y entró en un <u>caney o buhío redondo</u>, a donde estaba atado el Xuárez, esperando que acabasen los indios de comer para lo jugar, e jugado, lo matar; y prestamente Diego de Salazar le cortó las ligaduras con que estaba atado, e díjole: " Sed hombre e haced comio yo." E comenzó a dar por medio de trescientos indio gandules, o más, con una espada e una rodela, matando e hiriendo con tan gentil osadía y efeto, como si tuviera allí otros tantos cristianos en.su favor, e hizo tanto estrago. en log indios, que aunque eran hombres de guerra, a mal de su grado le dejaron ir con el dicho Xuárez; porque, como Diego de Salazar hirió muy mal a un capitán de la mesma casa donde aquesto pasó, los otros desmayaron en tanta manera, que el Salazar y el Xuárez salieron de entre ellos, segund es dicho.

Y después que estuvo bien apartado de los contrarios, enviaron tras él mensajeros, rogándole que quisiese volver, porque le querían mucho por ser tan valiente hombre, e que le querían contentar e servir en cuanto pudiesen. El cual, oída la embajada, aunque de gente tan bárbara e salvaje, determinó de volver a saber qué le querían los indios; más el compañero, como hombre que en tal trance e tan al cabo de la vida se había visto, no era de parescer que volviesen: antes se hincó de rodillas delante de Diego de Salazar e le pidió e , rogó que por amor de Dios no tornase, pues sabía que eran tantos indios, y ellos dos solos no podían sino morir, e que aquello era ya tentar a Dios y no esfuerzo ni cosa de se hacer. E Diego de Salazar le respondió e dijo: "Mirad, Xuárez, si vos no queréis volver conmigo, idos en buen hora, que en salvo estáis; más yo tengo de volver e ver que quieren estos indios, y no han de pensar que por su temor lo dejo." Entonces el Xuárez no pudo hacer otra cosa sino tornar con él, aunque de mala voluntad; pero como era hombre de bien e tenía la vida por causa del Salazar, acordo de le seguir e la tornar a peligro, en compañía de tan osado varón e que también meneaba el espada. Y tornaron juntos, e hallaron muy mal herido al capitán de los indios; e Diego de Salazar le preguntó que quería, y el capitán o cacique le dijo que le rogaba que le diese su nombre e que con su voluntad hobiese por bien que le llamasen Salazar como a él, e que quería ser su amigo perpetuo, e le queria mucho. E Diego de Salazar dijo que le placía que se llamase Salazar, como él. E así, luego sus indios le comenzaron a llamar *Salazar, Salazar;* como si por este consentimiento. se le investiera la mesma habilidad y esfuerzo del Diego de Salazar. E para principio desta amistad, e por la merced que se le hacía en dejarle de su grado tomar su nombre, le dió cuatro naborías o esclavos que le sirviesen, e otras joyas e preseas, y se fueron en paz con ellas los dos cristianos. Desde entonces fué tan temido de los indios Diego de Salazar, que cuando algund cristiano los amenazaha, respondían. "Piensas tú que te tengo de temer, como si fueses Salazar."

Viendo, pues, Joan Ponce de León, que gobernaba la isla, lo que este hidalgo había hecho en estas dos cosas tan señaladas que he dicho, le hizo capitán entre los otros cristianos e hidalgos que debajo de su gobernación militaban, y otros fueron mudados; e aunque después hobo mudanzas de gobernadores, siempre Diego de Salazar fue capitán e tuvo cargo de gente, hasta que murió del mal de las búas. E aunque estaba muy doliente, lo llevaban con toda su enfermedad en el campo, e do quiera que íban a pelear contra los indios; porque de hecho pensaban los indios, que ni los cristianos podían ser vencidos ni ellos vencer donde el capitán Diego de Salazar se hallase, e lo primero de que se informaban con toda diligencia era saber si iba con los cristianos este capitán. En la verdad, fué persona, segund lo que a testigos fidedignos y de vista yo he oido, para le tener en mucho; porque, demás de ser hombre de grandes fuerzas y esfuerzo, era en sus cosas muy comedido e bien criado, e para ser estimado do quiera que hombres hobiese, e todos le loan de muy devoto de Nuestra Señora. Murió, después de aquel trabajoso mal que he dicho, haciendo una señalada e paciente penitencia, segund de todo esto fuí informado, en parte, del mesmo Joan Ponce de León, y de Pero López Angulo y de otros caballeros e hidalgos que se hallaron presentes en la isla, en la mesma sazón que estas cosas pasaron, y aún les cupo parte destos e otros muchos trabajos.

Conquista y colonización de Puerto Rico

[1] Los indígenas taínos durante el periodo de contacto con los europeos practicaban varios juegos como: carreras, concursos de fuerza y juegos gladiatorios. Pero el juego más importante entre éstos fue el de bola o pelota. Este consistía en mantener en movimiento la bola a base de rebotes con ciertas partes del cuerpo (Marcio Veloz Maggiolo, 1972:115). Uno de los primeros que describió el juego de bola y la plaza o patio en donde se celebraba, fue el religioso Fray Bartolomé de las Casas en el libro III, capítulo CCIV de su obra titulado *Apologética historia sumaria:*

"Era bien de ver cuando jugaban a la pelota, la cual era cuasi las de viento nuestras, al parecer, más no cuando al salto, que era mayor que seis de las del viento. Tenían una plaza, comúnmente ante la puerta del señor, muy barrrida, tres veces más luenga que ancha, cercada de unos lomillos de un palmo o dos de alto, salir de los cuales la pelota creo que era falta. Poníanse veinte y treinta de cada parte a la luenga de la plaza. Cada uno ponía lo que tenía, no mirando que valiese muncho más lo que el uno más que el otro a perder aventurba, y así acaedía, después que los españoles llegamos, que ponía un cacique un sayo de grana y otra metía un paño viejo de tocar, y esto era como si metiera cien castelanos. Echaba uno de los de un puesto la pelota a los del otro y rebatíala el que se hallaba más a mano, si la pelota venía por alto con el hombro, que la hacía volver como un rayo, y cuando venía junto al suelo, de presto, poniendo la mano derecha a tierra, dábale con la punta de la nalga, que volvía más que de paso. Los del puesto contrario, de la misma manera la tornaban con las nalgas, hasta que según las reglas de aquel juego, el uno o el otro puesto cometían falta. Cosa de alegría era verlos jugar cuan encendidos andaban, y muncho más cuando las mujeres unas con otras jugaban, las cuales, no con los hombros ni las nalgas, sino con las rodillas la rebatían, y creo que con los puños cerrados. La pelota llamaban en su lengua batéy, la letra e luenga, y al juego, y también al mismo lugar, batéy nombraban (Bartolomé de las Casas, 1967, libro III, cap. CCIV: 350)."

Ademas, Fray Bartolomé de las Casas (1967, libro III, cap. XLIII: 230) hizo otras observaciones sobre las costumbres taínas que se llevaban a cabo durante el juego de bola:

"Lo que no tenían dentro de su casa íbanlo a conmutar con otros vecinos, lejos o cerca, por cosas que ellos tenían y por aquellas llevaban. En estas islas conmutaban sus cosas largamente de esta manera: que si yo tenía una cosa, por preciosa que fuese, como un grano de oro que pesase cient castellanos, lo daba por otra qué no valía sino diez, y esto acostumbrabam mucho en los **juegos de**

pelota: cada uno ponía lo que tenía, no curando si era má o mayor. De éstas y de otras maneras adquirían pecunias o cosas que le valían,..."

De los relatos anteriores sobre el juego de bola Taíno, se puede concluir los siguientes puntos:

a.Plazas destinadas al juego de bola y demarcadas físicamente por unos "lomillos". Éstas estaban situadas frente a la casa del cacique o a la salida de los caminos.

b. El juego de bola estaba formado por dos equipos que se situaban a lo largo de la plaza. Cada equipo estaba compuesto de 10, 20 o 30 jugadores.

c. Los hombres golpeaban la bola durante el juego con los hombros, cabeza, muslos, codos y rodillas.

d. Las mujeres golpeaban la bola utilizando las rodillas y los puños cerrados. Las cacicas jugaban con faldas de algodón y las mujeres solteras sin éstas. Posiblemente esta diferencia en la vestimenta era una distinción de estatus.

e. Este deporte (juego de bola) lo jugaban hombres contra hombres, mujeres contra mujeres (posiblemente de un mismo estatus civil) y mujeres casadas con vírgenes. También lo jugaban ambos sexos a la vez, pero las mujeres formaban las ¾ partes de los jugadores.

f. La bola tenía que pasar de un lado al otro de un límite y era falta cuando dejaba de rebotar y se paraba o cuando salía fuera del perímetro de juego.

g. Por acuerdo previo, el equipo perdedor era el que alcanzaba cierta cantidad de "rayas" o faltas y tenía que pagar un "precio" o apuesta.

h. Era costumbre "conmutar", o la práctica del trueque o intercambio durante el juego de bola sin importar el precio del artículo. Fray Bartolomé de las Casas (1967,libro III,cap. XLIII:230) dice lo siguiente:

"como un grano de oro que pesase cient castellanos, lo daba por otra qué no valía sino diez".

i. La importancia del juego de bola para la sociedad Taína se refleja en la presencia de los caciques sentados en sus duhos.

Cristóbal Colón con armadura llega a las antillas. Grabado con
motivos de la mitología griega por Theodore de Bry

Taínos en la hoguera por Theodore de Bry

CAPÍTULO V

Que tracta de la muerte de don Cristóbal de Sotomayor e otros cristianos; e cómo escapó Joan González, la lengua, con cuatro heridas muy grandes, e lo que anduvo así herido en una noche, sin se curar, e otras cosas tocantes al discurso de la historia.

Tornando a la historia del levantamiento de los indios, digo que despúes que los principales dellos se confederaron para su rebelión, cupo al cacique Agüeibana, que era el mayor señor de la isla, de matar a don Cristóbal de Sotomayor, su amo, a quien el mesmo cacique servía y estaba encomendado por repartimiento, segund tengo dicho, en la casa del cual estaba. Y jugáronlo a la pelota o juego que ellos llaman del batey, que es lo mesmo. E una hermana del cacique, que tenía don Cristóbal por amiga, le aviso e le dijo: "Señor, vete de aquí: que este mi hermano es bellaco y te quiere matar." Y una lengua que don Cristóbal tenía, llamado Joan González, se desnudó una noche e se embijó o pintó de aquella

43

unción colorada que se dijo en el libro VIII, capítulo VI, que los indios llaman *bija*, con que se pintan para ir a pelear, o para los areitos y cantares y cuando quieren parescer bien. E como el Joan González venía desnudo e pintado y era de noche y se entró entre los que cantaban en el coro del areito, vió e oyó como cantaban la muerte del don Cristóbal de Sotomayor e de los cristianos que con él estaban. E salido del cantar, cuando vido tiempo y le paresció, avisó a don Cristobal e dijole la maldad de los indios e lo que habían cantado en el areito e tenían acordado. El cual tuvo tan mal acuerdo, que como no había dado crédito a la india cacica, tampoco creyó al Joan González. La cual lengua le dijo: "Señor, esta noche nos podemos ir, e mirad que os va la vida en ello: que yo os llevaré por donde no nos hallen." Pero como su fin era llegado, no lo quiso hacer.

Con todo eso, así como otro día amanesció, estimulado su ánimo e como sospechoso, acordó de se ir; más ya era sin tiempo. E dijo al cacique que él se quería ir donde estaba el gobernador Joan Ponce de León, y el dijo que fuese en buena hora, y mando luego venir indios que fuesen con él y lé llevasen las cargas e su ropa, e dióselos bien isnstrutes de lo quee habían de hacer: e mandóles que cuando viesen su gente, se alzasen con el hato e lo que llevaban, e fue así: que después de ser partido don Cristóbal, salió tras él el mismo cacique con gente, e alcanzóle una legua de allí de su asiento, en un río que se dice Cauyo. E antes que a él llegasen, alcanzaron al Joan González, la lengua, e tomáronle la espada e diéronle ciertas heridas grandes, e queríanle acabar de matar. E como llego luego Agüeibana, dijo la lengua, en el lenguaje de los indios: "Señor, ¿por qué me mandas matar? Yo te serviré e sere tu naboria." Y entonces dijo el cacique: "Adelante, adelante, a mi *datihao* (que quiere decir mi señor, o el que como yo se nombra), deja ese bellaco." E así le dejaron, pero con tres heridas grandes e peligrosas, y pasaron y mataron a don Cristóbal e a los otros cristianos que iban con él (que eran otros cuatro), a macanazos; quiero decir con aquellas macanas que uan por armas, e flechándolos.

E hecho aquesto, volvieron atrás para acabar de matar al Joan González, la lengua; pero él se había subido en un árbol e vido cómo le andaban buscando por el rastro de la sangre, e no quiso Dios que le viesen ni hallasen; porque como la tierra es muy espesa de arboledas y ramas, y él se había desviado del camino y emboscado, se escapó desta manera. E fuera muy grande mal si este Joan González allí muriera, porque era grande lengua. El cual, después que fué de noche, bajó del árbol e anduvo tanto, que atraves la sierra de Xacagua, e créese que

guiado por Dios o por el ángel, e con favor suyo, tuvo esfuerzo e vida para ello, segund iba mal herido. Finalmente, él salió a Coa, que era una estancia del rey; pero él creía que era el Otuao, donde pensaba que lo habían de matar, porque era tierra alzada e de lo que estaba rebelado; pero su estimativa era hija de su miedo con que iba; e había andado quince leguas más de lo que se pensaba. E como allí había cristianos, viéronle; y él estaba ya tal e tan desangrado y enflaquescido, que sin vista cayó en tierra. Pero como le vieron tal, socorriéronle con darle algo que comió y bebió, y cobró algund esfuerzo, e vigor, e pudo hablar, aunque con pena, e dijo lo que había pasado.

E luego hicieron mandado al capitán Joan Ponce, notificandole todo lo que es dicho. El cual luego apercibió su gente para castigar los indios y hacerles la guerra. En la cual sazón llegó el Diego de Salazar con la gente que habia escapado con él, segund se dijo en el capítulo de suso. E luego Joan Ponce envi al capitan Miguel de Toro con cuarenta hombres a buscar a don Cristóbal, al cual hallaron enterrado (porque el cacique le mandó enterrar) y tan somero o mal cubierto, que tenía los pies de fuera. Y este capitán e los que con él iban, hicieron una sepultura en que lo enterraron bien, e pusieron a par della una cruz alta e grande. E aqueste fué el principio e causa de la guerra contra Agüeibana e los otros indios de la isla de Boriquén, llamada ahora Sanct Joan.

45

Españoles castigando indígenas por Theodore de Bry

CAPÍTULO VI

**De los primeros capitanes que hobo en la conquista e
pacificación de la isla de Boriquén, que agora se
llama isla de Sanct Joan.**

Tornando Miguel de Toro e los cuarenta cristianos que con él fueron a
enterrar a don Cristóbal y a los otros cuatro españoles que con él fueron
muertos, el gobernador Joan Ponce entendió en ordenar su gente y estar
en vela, para se defender con los pocos cristianos que habían quedado, en
tanto que era socorrido e le iba gente desde aquesta isla Española, para
lo cual hizo tres capitanes. El primero fue Miguel de Toro, de quien he
dicho de suso, el cual era hombre recio e para mucho, e había seido
armado caballero por él Rey Católico (puesto que él era de baja sangre),
porque en la Tierra Firme había muy bien probado como valiente

hombre, e con su esfuerzo había honrado su persona, en compañía del capitán Alonso de Hojeda. El otro capitán que Joan Ponce hizo, fué Diego de Salazar, de quien es fecha mención en el capítulo, de suso. El tercero capitán fue Luis de Almansa.

A estos tres capitanes fueron consinados cada treinta hombres, e los más dellos cojos y enfermos; pero sacaban fuerzas y esfuerzo de su flaqueza, porque no tenían otro remedio sino el de Dios y de sus manos; acordándose de aquella grave seatencia de Séneca, donde dice "que es locura temer lo que no se puede excusar". *Stultum est timere quod vitare non possis.*

Habían, pues, muerto los indios la mitad de los cristianos, como ya tengo dicho, o los más e la más lucida gente; e con los que quedaban, que podrían ser ciento por todos, Joan Ponce siempre se hallaba con ellos, y de los delanteros; porque era hombre animoso e avisado e solícito en las cosas de la guerra. E traía por su capitán general y teniente e por su alcalde mayor a un hidalgo, llamado Joan Gil. E así lo fue después de su gobernación, hasta que la isla fué pacificada, e sirvió muy bien; porque aun después de pasada la guerra de la isla de Sanct Joan, a su costa la hacía a los caribes[1] de las otras islas comarcanas (que son muchas), e los puso en mucha nescesidad; en tal manera que no se podían valer con él y le temían mucho. En este ejercicio de los caribes, traía consigo por capitanes a Joan de León, hombre diestro en las cosas de la mar y en la tierra, y en las cosas de la guerra, de buen saber y gentil ánimo. Y el otro capitán que traía el teniente Joan Gil, era un Joan López, adalid, y otros hombres de bien de los que habían quedado de la guerra de Sanct Joan, que por ser diestros y de buen ánimo. do quiera que se hallaban, hacían muy bien lo que convenia al ejercicio de la conquista de los caribes[1], en la mar y en la tierra.

---

[1] Todos los exploradores, misioneros y cronistas de la época de la conquista (italianos, españoles, franceses e ingleses) distinguen la cultura de los indios taínos de las Antillas Mayores de la de los indios caribes de las Antillas Menores. Antes de iniciarse el proceso de colonización de La Española, cronistas como el doctor Diego de Chanca y Miguel Cuneo que acompañaron a Colón en su segundo viaje, señalan las diferencias que existían entre los taínos y los caribes. Para esa época, los caribes ya estaban asentados en las Antillas Menores e Islas Vírgenes. La diferencia cultural entre ambos grupos no era mucha, pues ambos provenían del área cultural suramericana y tenían muchas características en común. Cronistas franceses como los religiosos Breton, Dutertre, Rochefort, Labat y otros, han dejado descripciones de su modo

de vida de las primeras décadas del siglo XVII (Ricardo E. Alegría, 1999:24-25).

Para el siglo XV, los indios caribes de Sur América habían poblado las Antillas Menores. Este grupo tenía sus raíces en el alto Xingú y contaba con una gran experiencia en la navegación de ríos y torrentes de agua caudalosos. Esta experiencia los ayudó para hacerse navegantes marinos en poco tiempo y pasar de una isla a otra por el arco Antillano hasta Guadalupe (Marcio Veloz Maggiolo,1972:20)

Los caribes antillanos, por su costumbre de tomar mujeres taínas ya habían adoptado la lengua de éstas. Esto no significa que aún no hubiese restos de su antigua lengua Caribe y que los guerreros no mantuviesen sus rituales. Por esta razón los cronistas se sorprendieron al encontrar en las Antillas Menores, hombres que hablaban una lengua diferente a las de las mujeres. A la llegada de los europeos al Caribe, los indios caribes aún recordaban su migración desde Sur América y la conquista de las Antillas Menores de sus antiguos pobladores a los que llamaban Igneris (Ricardo E. Alegría, 1999:24-25).

La organización social de los caribes se basaba en liderazgo no hereditario. Éstos escogían a un jefe de guerra cuando salían en sus expediciones bélicas. Sólo tenían jefes de clanes familiares. Dentro de su modo de vida, practicaron el canibalismo ritual. Fue en la isla de Guadalupe donde Colón escuchó por primera vez la existencia de este grupo. El padre las Casas menciona en sus escritos que los caribes fueron guerreros valientes y practicaban el canibalismo. Es importante señalar que los europeos malinterpretaron este ritual (canibalismo) como una depravación moral basada solamente en el placer de comer carne humana. Pero los caribes únicamente comían carne humana de los guerreros capturados en combate como una forma de adquirir los poderes y virtudes de éstos (Ricardo E. Alegría, 1999:24-25). Un caso interesante sobre los caribes es presentado por Irving Rouse (1965). Según este arqueólogo, el *Chilam-Balam* de *Chumayel* relata la llegada de unos extranjeros desnudos a Yucatán buscando personas para comérselas en el año de 1359, que posiblemente eran caribes. Según Arie Boomert (2000:418-419), citando fuentes históricas del siglo XVI, al acercarse la temporada de sequía los caribes preparaban expediciones de 30 a 40 piraguas (canoas), cada una una con 30 a 50 hombres. Las mujeres de la tribu ayudaban a los guerreros en los preparativos para estas incursiones bélicas. Una fuente española del siglo XVI señala que los caribes insulares (antillanos) de las islas de Barlovento hasta la isla de San Vincente conducían expediciones antes y después de la época de huracanes.

Conquista y colonización de Puerto Rico

A la llegada de los europeos, Puerto Rico era la frontera que separaba la zona cultural Caribe de la Taína y ésta fue la razón por la cual la isla fue frecuentemente atacada por los caribes. Los taínos de Puerto Rico que defendían su suelo de estos ataques, ya habían adquirido los hábitos guerreros caribes como el uso del arco y flecha los cuales no utilizaban generalmente. Las incursiones caribes hacia Puerto Rico duraron hasta los primeros años del siglo XVII; muchos años después de que la población Taína hubiera desaparecido como sociedad. Hacia 1625, las Antillas Menores fueron invadidas por franceses e ingleses, y los caribes tuvieron que enfrentarse a éstos. En las costas de Honduras aún hay millares de caribes que se habían mezclado con negros africanos y fueron llevados allí por los ingleses en el siglo XVIII. También quedan descendientes de los caribes en la isla Dominica (Ricardo E. Alegría, 1999:24-25).

Mapa de las islas del Caribe por Carolus Verardus (1493).

Taínos de La Española tratando de derribar la Cruz
de Yamasa. Tomado de las *Decadas* de Herrera

CAPÍTULO VII

**Que tracta de algunas personas senaladas por su esfuerzo, y de
algunas cosas a esto concernientes en la guerra e conquista de la
isla de Sanct Joan.**

Parésceme muy digno de culpa el escriptor que olvida o deja de decir
algunas cosas particulares de la calidad de las que en este capítulo se
escrebirán; porque, aunque el principal intento de la historia sea
enderezado a otro fin, en especial en ésta, que es hacer principal memoria
de los secretos e cosas que la Natura produce en estas nuestras Indias
naturalmente, también consuena con el título de llamarla *General
Historia,* recontar los méritos de los conquistadores destas partes, porque,
a lo menos, si quedaron sin galardón o pago de sus trabajos y mérito, no

les falte por culpa de mi pluma e pigricia la memoria de que fueron e son muy dignos sus hechos, porque en la verdad, es mejor satisfacción que otras; y en más se debe tener lo que se escribe en loor de los que bien vivieron e acabaron como buenos e valerosos, que cuantos bienes les pudo dar o quitar fortuna.

E porque de mi parte no quede en silencio algo desto, digo que hobo muchos hidalgos e valerosas personas que se hallaron en la conquista de la isla de Boriquén, que agora se llama Sanct Joan. Y no digo muchos en número, pues que todos ellos eran poca gente; pero porque en esa poca cantidad de hombres, los más dellos fueron muy varones y de grandísimo ánimo y esfuerzo. Rara cosa y prescioso don de la Natura, y no vista en otra nación alguna tan copiosa y generalmente concedida como a la gente española; porque en Italia, Francia y en los más reinos del mundo, solamente los nobles y caballeros son especial o naturalmente ejercitados e dedicados a la guerra, o los inclinados e dispuestos para ella; y las otras gentes populares, e los que son dados a las artes mecánicas e a la agricultura e gente plebea, pocos dellos son los que se ocupan en las armas o las quieren entre los extraños. Pero en nuestra nación española no paresce sino que comúnmente todos los hombres della nascieron principal y especialmente dedicados a las armas y a su ejercicio, y les son ellas e la guerra tan apropriada cosa, que todo lo demás les es acesorio, e de todo se desocupan, de grado, para la milicia. Y desta causa, aunque pocos en número, siempre han hecho los conquistadores españoles en estas partes lo que no pudieran haber hecho ni acabado muchos de otras nasciones.

Hobo, pues, en aquella conquista, un Sebastián Alonso de Niebla, hombre labrador, y que en España nunca hizo sino arar e cavar e las otras cosas semejantes a la labor del campo; el cual fué varón animoso, recio, suelto., pero robusto, e junto con su robusticidad que en si mostraba a prima vista en su semblante, era tractado de buena conversación. Este salió my grande adalid, y osaba acometer y emprendía cosas que, aunque parescían dificultosas y ásperas, salía con ellas victorioso. E como era hombre muy suelto y gran corredor, atrevíase a lo que otros no hicieran, porque junto con lo que he dicho de su persona, era de tan gran fuerza, que el indio, a quien él asía, era tanto como tenerle bien atado, estando entre sus manos. Y desta causa, cuando fué entendido de los indios e hobieron conoscimiento de la experiencia de su persona, temianle mucho. Pero al cabo, como en la guerra nascen pocos, y el oficio della es morir, así le intervino a este hombre hazañosos, por ser muy denodado; y el año de mill e quinientos e veinte y seis le mataron en una provincia que se llama del Loquillo (en la isla de Sanct Joan), donde aqueste Sebastián Alonso de Niebla tenía su hacienda y asiento. Y su muerte procedió de sobrarle esfuerzo, e fué puesta en efeto de aquesta manera.

Este hombre estaba cuasi enemigo y desavenido con un hidalgo vecino suyo, llamado Martín de Guiluz, vizcaíno, vecino agora de la cibdad de Sanct Joan de Puerto Rico, e de los principales de aquella cibdad. E como otras veces solían los indios caribes de las islas comarcanas venir en canoas a saltear, acaesció que entraron en la isla e dieron en una estancia e hacienda del Martín de Guiluz, y como lo supo Sebastián Alonso, e oyó decir que los indios caribes flecheros llevaban robada la gente que el dicho Martín de Guiluz tenía en su estancia e hacienda, y cuanto tenía, luego Sebastián Alonso., a gran priesa, mandó a un negro suyo que le ensillase un caballo, e dijo: "No plega a Dios que digan que, por estar yo mal con Martín de Guiluz, le dejo padescer e perder lo que tiene, e dejo de ir, hallándome tan cerca, contra los que le han robado." E así subió luego a caballo, e llevó consigo dos o tres negros suyos e un peón cristiano, y fue en seguimiento de los indios caribes, e los alcanzó y peleó con ellos, e los desbarató e quitó la cabalgada, e prendió cuatro dellos; y desde encima del caballo, los tomaba por los cabellos e los sacaba de entre los otros, e los daba y entregaba a sus negros, e volvía por otros. E uno que así había tomado, tenía en la mano una flecha herbolada, e aqueste le mató; porque como le llevaba así, a vuelapié, asido por los cabellos, dióle con la flecha a maneniente, e acertó a le herir a par de una ingre, e de aquella herida murio despus. E como se vido herido, el mató al indio e otros siete u ocho asimismo, e volvió con su despojo e dióle a su dueño Martín de Guiluz. E como la hierba con que aquellos indios tiran sus flechas, es muy pestífera y mala, murió de aquella herida, pero como católico cristiano; e repartió muy bien cuanto tenía a pobres e personas nescesitadas, y en obras pías. E desta manera acabó, dejando mucho dolor e lástima en todos los cristianos y españoles que había en esta isla, porque, en la verdad, era hombre que les hacía mucha falta su persona, y era tal, que se hallan pocas veces tales, hombres; e porque demás de ser muy varón y de gran esfuerzo, temíanle mucho. los indios, y estaba en grande estima e reputación con ellos e con los cristianos; porque como se dijo de suso, era grande adalid y tenía mucho conocimiento en las cosas del campo e de la guerra. En compañía déste andaba otro hombre de bien, llamado Joan de León, de quien atrás se dijo. Este imitaba asaz a Sebastián Alonso, porque era muy suelto, e buena lengua, y de buenas fuerzas e osado. Y en las cosas que se halló, que fueron muchas, así en la tierra como en la mar, se señaló como hombre de gentil ánimo y esfuerzo.

Pero el uno y el otro fueron mal galardonados de sus servicios e trabajos, porque en el repartimiento de los indios no se miró con ellos, ni con los buenos conquistadores, como se debiera mirar. Y al que algo dieron, fué tan poquita cosa, que no se podían sostener con ello. Porque es costumbre que unos gocen de los sudores y trabajos de otros; y que él que meresce mercedes sea olvidado y no bien satisfecho, y que los que debrían ser olvidados, o a lo menos no tan dignos de la remuneración, aquéllos gocen de las mayores partes e galardones que no les competen. Este oficio es el del mundo e los hombres hacen como hombres; pero sus pasiones no los dejan libremente hacer lo que debrían, porque mejor entendamos que es solo Dios el justo y verdadero galardonador. E así nos enseña el tiempo, que ni los que lo repartieron, ni los otros a quien lo dieron injustamente, lo gozaron sino pocos días: y ellos y ello hobo el fin que suelen haber las otras cosas temporales; y plega a Dios que sus ánimas no lo escoten en la otra vida, donde ya están los más.

Otro Joan López, adalid, gran hombre en las cosas del conoscimiento del campo, pero no de tal ánimo. Este oficio de adalid es más artificioso y de más saber, sin comparación, en estas partes que en España; porque esta tierra acá es muy cerrada e llena de arboledas, e no tan clara ni abierta como la de Castilla y de otros reinos de cristianos. Pero. pues está movida la materia de los adalides, diré aquí, de uno que yo conoscí, un hecho notable y al propósito de aquesle oficio.

Hobo en la Tierra Firme de Castilla del Oro un hidalgo, llamado Bartolomé de Ocón, que pasó una sola vez por cierta parte de montes muy espesos y cerrados; y desde a más de siete años fué por otras tierras a parar, con ciertos compañeros, muy cerca de donde en el tiempo pasado, que he dicho, había estado. E iban allí cinco o seis hombres de los qne se habían hallado en el primero viaje o entrada; e toda la tierra era tan emboscada y espesa de árboles, que apenas se veía el cielo, ni aun podían cuasi caminar sino haciendo la vía con las espadas y puñales; e todos los que allí estaban pensaban que iban perdidos, e no conoscían a donde guiaban, ni a dónde debiesen continual su viaje. Y estando juntos y en consejo de lo que debían hacer, dijo Bartolomé de Ocón: "No temais, hidalgos: que menos de doscientos pasos de aquí está, en tal parte, un arroyo (señalando con el dedo, que no veían ni era posible verse por la espesura de los arboles e matas), donde agora siete años, viniendo de tal entrada, nos paramos a beber; e si queréis verlo, vengan dos o tres de vosotros conmigo y mostrároslo he." Y es de saber que no tenían gota de agua que beber, e iban con la mayor nescesidad del mundo de topar el agua, o habían de peligrar de sed e morir algunos, segund iban desmayados. E así fueron de aquellos que primero se habían hallado. allí; e llegados al arroyo, que todo iba enramado e cubierto, se sentó en una piedra a par del agua, e comenssando. a beber, dijo: "Asentado yo en esta misma piedra, merend con vosotros ahora siete años, e veis allí el peral donde cogimos muchas peras, e agora tiene hartas." E así los compañeros, por la piedra, que era grande e conoscida, como por el peral y otras señales y árboles, e por el mismo arroyo, vinieron en conoscimiento que era así, y qne algunos dellos habían estado allí otra vez, como he dicho, De lo cual no poco quedaron maravillados, e socorridos con el agua. Todos dieron muchas gracias a Dios, y no fué poco el crédito que desto y otras cosas semejantes alcanzó este Bartolomé de Ocón. Porque en la verdad, en este caso parescía que tenía gracia especial sobre cuantos hombres en aquellas partes andaban, puesto que en lo demás era material y no de mejor razón que otro; antes era tenido por grosero.

Pero tornando. al propósito de los conquistadores de la isla de Sanct Joan, digo que aquel Joan López, adalid, de quien se ha tractado de suso, aunque era gran adalid, era crudo y no tan esforzado como astuto guerrero con los indios.

Hobo otro mancebo de color loro, que fué criado del comendador mayor don frey Nicolás de Ovando, al cual llamaban Mejía; hombre de buen ánimo e suelto e de vivas fuerzas, al cual mataron los caribes en el Haimanio de Luisa, e a la mesma Luisa, cacica principal, la cual le avisó e le dijo que se fuese, y él no lo quiso hacer por no la dejar sola, e así le frecharon. Y estando lleno de saetas e teniendo una lanza en la mano, puso los ojos en un principal de los caribes, y echóle la lanza e atravesólo de parte a parte por los costados, habiendo primero muerto otros dos indios de los enemigos e herido a otros. E así acabo sus días.

Hobo otro hombre de bien que se decía Joan Casado. buena persona e labrador llano: pero gentil adalid e dichoso en muchas cosas de las que emprendía. y hombre de buen ánimo. Así que estos que he dicho, en especial, hicieron muchas cosas buenas; pero sin ellos, hobo otros hombres hijosdalgo e mancebos. que aunque no tenían tanta experiencia. no les faltaron los ánimos para se mostrar en la guerra tan hábiles y esforzados cuanto convenía. Déstos fué uno Francisco de Barrionuevo, que agora es goberrnador de Castilla del Oro, del cual se hizo mención en la pacificación del cacique don Enrique; e aunque en la guerra de la isla de Sanct Joan él era mancebo, siempre dió señales de si de lo que era, como hombre de buena casta. Otro hidalgo, dicho Pero López de Angulo, e Martín de Guiluz, e otros que sería largo decirse particularmente, se hallaron en aquella conquista, que aunque su edad no era tan perfeta como su esfuerzo e deseos, siempre obraron como quien eran, e por ningún trabajo dejaron de mostrarse tan prestos a los peligros, como la nescesidad y el tiempo lo requerían. E por ser tan valerosa gente, aunque como he dicho poca en número, se acabó la conquista en favor de nuestra fe y en mucha victoria de los conquistadores españoles que en esta guerra se hallaron, a los cuales socorrieron desde aquella isla Española con alguna gente, y se juntaron más, en tiempo que el socorro fué muy necesario. E también fueron algunos que nuevamente venían de Castilla; los cuales, por buenos que sean, es menester que estén en la tierra algunos días, antes que sean para sofrir los trabajos e nescesidades con que acá se ejercita la guerra, por la mucha diferencia que hay en todas las cosas, y en el aire e temple de la tierra, con quien es menester pelear primero que con los indios, porque muy pocos son aquellos a quien no prueba y adolesce. Pero loores a Dios, pocos peligran desta causa, si son bien curados.

Muerte de Diego Salcedo por los taínos de Boriquén.
Theodore de Bry

CAPÍTULO VIII

Cómo las indios tenían por inmortales a los cristianos, luego que pasaron a la isla de Sanct Joan, e cómo acordaron, de se alzar, e no le osaban emprender hasta ser certificados si los cristianos podían morir o no. Y la manera que tuvieron para lo experimentar.

Por las cosas que habían oido los indios de la isla de Sanct Joan de la conquista y guerras pasadas en esta isla Española. e sabiendo, como sabían ellos, que esta isla es muy grande y que estaba rnuy poblada e llena de gente de los naturales della, creían que era imposible haberla sojuzgado los cristianos, sino porque debían ser inmortales, e que por heridas ni otro desastre no, podían morir y que como habían venido de hacia donde el sol sale, así peleaban; que era gente celestial e hijos del sol, y que los indios no eran poderosos para los poder ofender. E como vieron que en la isla de Sanct Joan ya se habían entrado y hecho señores de la isla, aunque en los cristianos no había sino hasta doscientas personas, pocás mas o menos, que fuesen hombres para tomar armas, estaban determinados de no se dejar sojuzgar de tan pocos, e querían procurar su libertad y no servirlos; pero. temíanlos e pensaban que eran inmortales.

E juntados los señores de la isla en secreto, para disputar desta materia, acordaron que antes que se moviesen a su rebelión, era bien experimentar primero aquesto, y salir de su dubda, y hacer la experiencia en algún cristiano desmandado o que pudiesen haber aparte e solo, Y tomó cargo, de saberlo un cacique llamado Urayoán, señor de la provincia de Yaguaca, el cual para ello tuvo esta manera. Acaescióse en su tierra un mancebo, que se llamaba Salcedo e pasaba a donde los cristianos estaban, y por manera de le hacer cortesía e ayudarle a llevar su ropa, envió este cacique con él quince o veinte indios, después que le hobo dado muy bien de comer e mostrádole mucho amor. El cual, yendo seguro e muy obligado al cacique por el buen acogimiento, al par de un río que se dice Guarabo, que es a la parte occidental, y entra en la bahía en que agora esta el pueblo e villa de Sanct German, dijéronle: "Senor, ¿quieres que te pasemos porque no te mojes?" Y el dijo que si, e holgó dello: que no debiera. siquiera porque, demás del peligro notorio en que caen los que confian de sus enemigos, se declaran los hombres que tal hacen, por de poca prudencia. Los indios le tomaron sobre sus hombros para lo cual se escogieron los más recios y de más esfuerzo, y cuando fueron en la initad del río, metiéronle debajo del agua y cargaron con él los que le pasaban e los que habían quedado mirándole, porque todos iban, para su muerte, de un acuerdo, e ahogáronle. Y después que estuvo muerto, sacáronle a la ribera y costa del río, e decianle: "Señor Salcedo, levántate y perdonanos: que caimos contigo, e iremos nuestro camino." E con estas preguntas e otras tales le tuvieron así tres días, hasta que olió mal, y aun hasta entonces ni creían que aquel estaba muerto ni que los cristianos morían.

Y desque se certificaron que eran mortales, por la forma que he dicho, hiciéronlo saber al cacique, el cual cada día enviaba otros indios a ver si se levantaba el Salcedo; e aun dubdando si le decían verdad, el misino quiso ir a lo ver, hasta tanto que pasados algunos días, le vieron mucho más dañado e podrido a aquel pecador. Y de allí tomaron atrevimiento e confianza para su rebelión, e pusieron en obra de matar los cristianos e alzarse y hacer lo que tengo dicho en los capítulos de suso.

Indígenas suicidandose antes de ser esclavizados por los españoles.
Theodore de Bry.

CAPÍTULO IX

De las batallas e recuentros más principales que hobo en el tiempo de la guerra e conquista de la isla de Sanct Joan, por otro nombre dicha Boriquén.

Después que los indios se hobieron rebelado e muerto la mitad, o cuasi, de los cristianos, y el gobernador Joan Ponce de Leon dió orden en hacer los capitanes que he dicho, e poner recaudo en la vida y salud de los que quedaban vivos, hobieron los cristianos y los indios la primera batalla en la tierra de Agüeibana, en la boca del río Coayuco, a donde murieron muchos indios, asi caribes de las islas comarcanas y flecheros con quien se habían juntado, como de los de la tierra que se querían pasar a una isleta que se llama Angulo, que esta cerca de la isla de Sanct Joan, a la parte del Sur, como lo tengo dicho. E dieron los cristianos sobre ellos de noche, al cuarto del alba, e hicieron grande estrago en ellos, y quedaron deste vencimiento muy hostigadog, e sospechosos de la inmortalidad de los critianos. E unos indios decían que no era posible si no que los que ellos habían muerto a traición, habían resucitado; y otros decían que do quiera que hobiese cristianos, hacían tanto los pocos como los muchos. Esta batalla venció el gobernador Joan Ponce, habiendo para cada cristiano más de diez enemigos; y paso desde a pocos días después que se habían los indios, alzado.

Desde allí se fué Joan Ponce a la villa de Caparra, y reformó la gente e capitanías con alguna más compañia que había, y fué luego a asentar su real en Aimaco, y envió a los capitanes Luis de Añasco e Miguel de Toro a entrar desde allíi con hasta cincuenta hombres. E supo cómo el cacique Mabodomoca estaba con seiscientos hombres esperando en cierta parte, y decía que fuesen allá los cristianos, que él los atendería e ternía limpios los caminos. E sabido esto por Joan Ponce, envió allá al capitán Diego de Salazar, al cual llamaban capitán de los cojos y de los muchachos; y aunque parescía escarnio por ser su gente la más flaca, los cuerdos lo tomaban por lo que era razón de entenderlo: porque la persona del capitán era tan valerosa, que suplía todos los defetos e flaqueza de sus soldados, no porque fuesen flacos de ánimo, pero. porque a unos faltaba salud para sofrir los trabajos de la guerra, y otros, que eran mancebos, no tenían edad ni experiencia. Pero con todas estas dificultades llegó donde Mabodomoca estaba con la gente que he dicho, e peleó con él, e hizo aquella noche tal matanza e castigo en los indios, que murieron dellos ciento e cincuenta, sin que algund cristiano peligrase ni hobiese herida mortal, aunque algunos hobo heridos; y puso en huida los enemigos restantes.

En esta batalla, Joan de León, de quien atrás se hizo memoria, se desmandó de la compañia por seguir, tras un cacique que vido salir de la batalla huyendo, e llevaba en los pechos un guanin o pieza de oro de las que suelen los indios principales colgarse al cuello; e como era mancebo suelto, alcanzóle e quiíole prender; pero el indio era de grandes fuerzas, e vinieron a los brazos por más de un cuarto de hora, e de los otros indios que escapaban huyendo, hobo quien los vido así trabados en un barranco, donde estaban haciendo su batalla, e un indio socorrió al otro que estaba defendiéndose del Joan de León, el cual, porque no paresciese que pedíia socorro, hobiera de perder la vida. Pero no quiso Dios que tan buen hombre así muriese, y acaso un cristianos salió tras otro indio, e vido a Joan de León peleando con los dos que he dicho, y en estado que se viera en trabajo o perdiera la vida; entonces el cristiano dejo de seguir al indio, e fuele a socorrer, e así mataron los dos cristianos a los dos indios, que eran aquel cacique con quien Joan de León se combatía primero, e al indio que le ayudaba o le había socorrido. Y desta manera escapó Joan de León del peligro en que estuvo.

Habida esta victoria e vencimiento que he dicho, así como esclaresció el día, llegó el gobernador Joan Ponce de León por la manana con la gente que êl traíia e la retroguarda, algo desviado del capitán Diego de Salazar, e no supo cosa alguna hasta que halló los vencedores bebiendo y descansando de lo que habían trabajado en espacio de tiempo de dos horas e media o tres que habían peleado con los enemigog. De lo cual todos los cristianos dieron muchas gracias a Nuestro Señor porque así favorescía e ayudaba miraglosamente a los cristianos.

Suicidio de los taínos antes de servir a los españoles.
Girolano Benzoni .

CAPÍTULO X

De otra guazábara o recuentro que hobieron los españoles con los indios de la isla de Boriquén o de Sanct Joan.

Después que se pasó la batalla, de quien se tractó en el capítulo precedente, juntáronse la mayor parte de todos los indios de la isla de Boriquén. E sabido por el gobernador Joan Ponce, hobo nueva como en la provincia de Yaguaca se hacía el ayuntamiento de los contrarios contra los cristianos, e con entera determinación de morir todos los indios o acabar de matar todos los cristianos, pues eran pocos y sabían que eran mortales como ellos. Y con mucha diligencia, el gobernador juntó sus capitanes e pocos más de ochenta hombres, y fue a buscar a los indios, los cuales pasaban de once mill hombres; y como llegaron a vista los unos de los otros, cuasi al poner del sol, asentaron real los cristianos con algunas ligeras escaramuzas. Y como los indios vieron con tan buen ánimo e voluntad de pelear los españoles, y que los habían ido a buscar, comenzaron a tentar si pudieran de presto ponerlos en huida o vencerlos. Pero los cristianos, comportando e resistiendo, asentaron, a su despecho de los contrarios, su real muy cerca de los enemigos. E salían algunos indios sueltos y de buen ánimo a mover la batalla; pero los cristianos estuvieron quedos y en mucho concierto y apercibidos junto a sus banderas, y salían algunos mancebos sueltos de los nuestros, y tornaban a su batallón, habiendo fecho algún buen tiro de asta o de ballesta. Y así los unos y los otros temporizando, esperaban que el contrario principiase el rompimiento de la batalla; e así, atendiéndose los unos por los otros, siguióse que un escopetero derribó de un tiro un indio, e creyóse que debiera ser hombre muy principal, porque luego los indios perdieron el ánimo que hasta aquella hora mostraban, e arredraron un poco atrás su ejercito, donde la escopeta no alcanzase.

E así como la misma noche fué bien escuro, se retiró para fuera el gobernador, e se salió con toda su gente, aunque contra voluntad e parescer de algunos, porque parescía que de temor rehusaban la batalla; pero en fin, a él le paresció que era tentar a Dios pelear con tanta moltitud e poner a tanto riesgo los poco que eran, y que a guerra guerreada, harían mejor sus hechos que no metiendo todo el resto a una jornada; lo cual él miró como prudente capitán, segund paresció por el efeto e subceso. de las cosas adelante.

Visión romántica de la Fuente de la Juventud. Grabado del siglo 16 por Hans Sebold Bechan.

CAPÍTULO XI

Como el gobernador Joan Ponce acordó de ir a descubrir par la banda o parte del Norte, e fué a la Tierra Firme, en la costa de las islas e Bimini, e halló la dicha isla Bahama; e cómo fue removido de la gobernación e volvieron a gobernar los que él había enviado presos a Castilla; y de otros gobernadores que hobo después en la isla de Sanct Joan.

Ya tenía el gobernador Joan Ponce de León cuasi conquistada e pacifica la isla de Sanct Joan, aunque no faltaban algunos sobresaltos e acometitnientos de los indios caribes, los cuales eran resistidos, e Joan Ponce estaba muy rico. E como las cosas llegaron a este estado, siguióse que aquel alcalde mayor del Almirante, llamado Joan Cerón, y el alguacil mayor Miguel Díaz, que Joan Ponce había enviado presos a Espana, negociaron sus cosas e libertad; y su principal motivo, demás de desculparse a si, fué culpar a Joan Ponce, diciendo que demás de los haber injustamente preso, el había cometido otras culpas y hecho otros errores mayores. E aquestos eran favorescidos por el Almirante, porque como Joan Ponce era aficionado al comendador mayor, e por su respecto había habido el cargo contra la voluntad del Almirante, y echado sus oficiales de la isla, y enviádolos en prisiones, sintiéndose desto, procuró que Joan Ponce fuese removido, pues que el Almirante era gobernador e visorrey, e decía que aquella administración de la justicia en la isla de Sanct Joan le pertenescía por sus previlegios.

E mandó el Rey Católico que volviesen a la isla de Sanct Joan e se les entregasen las varas e oficios; e así tornados, quitaron el cargo al dicho Joan Ponce, porque finalmente el Rey mandó que el Almirante pusiese allí los oficiales de justicia que él quisiese. E sabido esto por Joan Ponce, acordó de armar e fue con dos carabelas por la banda del Norte, e descubrió las islas de Bimini, que están de la parte septentrional de la isla Fernandina; y estonces se divulgó aquella fábula de la fuente que hacía rejovenescer o tornar mancebos los hombres viejos; esto fue el año de mill e quinientos y doce. E fué esto tan divulgado e certificado por indios de aquellas partes, que anduvieron el capitán Joan Ponce y su gente y carabelas perdidos y con mucho trabajo más de seis meses, por entre aquellas islas, a buscar esta fuente. Lo cual fué muy gran burla decirlo los indios, y mayor desvarío creerlo los cristianos e gastar tiempo en buscar tal fuente. Pero tuvo noticia de la Tierra Firme, e vídola e puso nombre a una parte della que entra en la mar, como una manga, por espacio de cient leguas de lo.ngitud, e bien cincuenta de latitud, y llamóla la Florida. La punla o promontorio de la cual está en veinte e cinco grados de la Equinocial, de la banda de nuestro polo árticb, y se extiende y ensancha hacia el viento Norueste; la cual tiene a par de la dicha punta muchas isletas y bajos que llaman los Mártires.

En tanto que el capitán Joan Ponce andaba en su descubrimiento, el Almirante don Diego Colom, por quejas que le dieron de Joan Cerón e Miguel Daz, les quitó el cargo de la gobernación de Sanct Joan, e puso allí por su teniente al comendador Rorigo de Moscoso. E aquéste estuvo poco tiempo en el cargo, y también hobo muchas quejas dél, aunque era buen caballero; por lo cual, el Almirante acordó de ir a aquella isla de Sanct Joan, e proveyó de su teniente en ella a un caballero llamado Cristóbal de Mendoza, hombre de buena sangre y casta, e virtuosa persona e conviniente para el cargo, e aun para otro que fuera mucho mayor; el cual tuvo en paz y justicia la isla, y en las cosas de la guerra e conquista de los caribes se mostró muy buen capitán e como hoinbre valeroso y de mucho esfuerzo e ánimo, todas las veces que convino y el tiempo se ofresció.

Porque no solamente los hombres deben ser loados e gratificados conforme a sus virtudes y méritos, pero aum de los brutos animales nos enseñan (los que bien han escripto), que es razón e cosa nescesaria, y no para olvidar, lo que algunos han fecho; porque, demás de nos maravillar de lo que fuere digno de admiración e pocas veces visto u oido, es grande la culpa que resulta de lo tal a los hombres de razón, cuando no hacen lo que deben, pues que los brutos animales se diferencian e aventajan en las virtudes e cosas que obran, y aun algunos hombres sobrepujan en buenos actos y hazañas.¿ Que más vituperio puede ser para un cobarde que ganar sueldo una bestia entre los hombres, e dar a un perro parte y media, como a un ballestero? Este fué un perro llaniado Becerrillo, llevado desta isla Española a la de Sanct Joan, de color bermejo, y el bozo, de los ojos adelante, negro; mediano y no alindado; pero de grande entendimiento y denuedo. E sin dubda, segund lo que este perro hacía, pensaban los cristianos que Dios se lo había enviado para su socorro; porque fue tanta parte para la pacificación de la isla, como la tercia parte desos pocos conquistadores que andaban en la guerra; porque entre doscientos indios, sacaba uno que fuese huído de los cristianos; o que se le enseñasen, e le asía por un brazo e lo contreñia se venir con él e lo traía al real, o adonde los cristianos estaban; e si se ponía en resistencia e no quería venir, lo hacía pedazos, e hizo cosas muy señaladas y de admiración. E a medianoche que se soltase un preso, aunque fuese ya una legua de allí, en diciendo: "Ido es el indio", o "buscalo", luego daba en el rastro e lo hallaba e traía. E con los indios mansos tenía tanto conoscimiento como un hombre, y no les hacía mal. Y entre muchos mansos, conoscía un indio de los bravos, e no parescía sino que tenía juicio y entendimiento de hombre (y aun no de los necios), porque, como he dicho, ganaba parte y media para su amo, como se daba a un ballestero, en todas las entradas que el perro se hallaba. E pensaban los cristianos que en llevarle iban doblados en número de gente e con más ánimo. Y con mucha razón, porque los indios mucho más temían al perro que a los cristiaixos; porque, como más diestros en la tierra, íbanse por pies a los españoles e no al perro. Del cual quedó casta en la isla, de muy excelentes perros, e que le imitaron mucho, algunos dellos, en lo que he dicho.

E yo vi un hijo suyo en la Tierra Firme, llamado *Leoncico,* el cual era del adelantado Vasco Núñez de Balboa, e ganaba, asimismo, una parte, e, a veces dos, como los buenos hombres de guerra, y se las pagaban al dicho Adelantado en oro y en esclavos. E como testigo de vista, sé que le valió, en veces, más de quinientos castellanos que le ganó, en partes que le dieron en las entradas. Pero era muy especial e hacía todo lo que es dicho de su padre.

Pero tornando al *Becerrico,* al fin le mataron los caribes, llevandolo el capitan Sancho de Arango; e! cual, por causa deste perro, escapó una vez de entre los indios herido e peleando todavía con ellos; y echóse el perro a nado tras un indio, e otro, desde fuera del agua le dió con una flecha herbolada, yendo el perro nadando tras el otro indio, e luego murió; pero fué causa que el dicho capitán Sancho de Arango y otros cristianos se salvasen; e con cierto despojo, los indios se fueron.

Sabido esto por el teniente Cristóbal de Mendoza que gobernaba la isla por el Almirante, como tengo dicho, salió de la villa de Sanct German con hasta cincuenta hombres de aquella vecindad, unque la mayor parte dellos eran mancebos, puesto que también había algunas reliquias de los hombres de la guerra pasada, así de los adalides que se dijo de suso, como de algunos hombres escogidos y experimentados. Y embarcáronse en, una carabela con dos barcos e alcanzaron los indios e hicieron un hecho de memoria; porque, junto a una isleta que esta mas al Oriente de la de Sanct Joan, llamada Bieque, pelearon con ellos cuasi toda una noche, y mataton al cacique capitán de los indios, que se decfa Yuhareibo, hermano de otro cacique llamado Cacimar, que primero e pocos días antes le habían muerto los cristianos en, la misma isla de Sanct Joan, en otra batalla, habiendo venido a saltear. El cual, estando abrazado con él un hidalgo llamado Pero López de Angulo, e punando de matar el uno al otro, salió de través un Francisco de Quindós, e hobieran de matar a entrambos porque con una lanza paso al indio de parte a parte, e poco faltó de no matar también. al Pero López.

Este Cacimar era valentisimo hombre e muy estimado capitán entre los indios. e por vengar su muerte, había venido el hermano a saltear a la isla de Sanct Joan, e había herido al capitán Sancho de Arango e otros cristianos que escaparon por causa del perro *Becerrillo* que mataron; lo cual no fué pequeña pérdida, porque aunque se murieran algunos cristianos, no lo sintieran tanto, los que quedaron, como faltarle el perro.

Así que, yendo el capitán o gobernador, como he dicho, tras los malechores, los alcanzó e mató al cacique e otros muchos de los indios, e prendió algunos y les tomo las piraguas a los caribes, e tornó victorioso a la villa de Sanct German, e repartió muy bien y a voluntad de todos la presa. Y envió una de las piraguas que tomó, a esta cibdad de Sancto Domingo al Almirante don Diego Colom; la cual era muy grande e muy hermoso navío para del arte que éstos son.

Pero porque de las cosas de aquel perro sería larga narración lo que con verdad se podría dél escrebir, no diré aquí sino una sola que no es de preterir, porque la supe de testigos de vista que se hallaron presentes, personas dinas de crédito, y fué aquesta. La noshe que se dijo de la guazábara o batalla del cacique Mabodomoca, a la mañana antes que el gobernador Joan Ponce llegase, acordó el capitán Diego de Salazar de echar al perro una india vieja de laa prisoneras que allí se habían tornado; e púsole una carta en la mano a la vieja, e díjole el capitán: "Anda, ve, lleva esta carta al gobernador que esta en Aimaco" (que era una legua pequeña de allí). E decíale aquesto para que así como la vieja se partiese y fuese salida de entre la gente, soltasen el perro tras ella. E como fué desviada poco más de un tiro de piedra, así se hizo, y ella iba muy alegre, porque pensaba que por llevar la carta, la libertaban; mas soltado el perro, luego la alcanzó, e como la mujer le vido ir tan denodado para ella, asentóse en tierra y en su lengua comenzó a hablar, e decíale: "Perro, señor perro, yo voy a llevar esta carta al señor gobernador", e mostrábale la carta o papel cogido, e deciale: "No me hagas mal, perro señor." Y de hecho, el perro se paró como la oyó hablar, e muy manso se llego a ella e alzo una pierna e la meó, como los perros lo suelen hacer en una esquina o cuando quieren orinar, sin le hacer ningún mal. Lo cual los cristianos tuvieron por cosa de misterio, segund el perro era fiero y denodado; e así, el capitán, vista la clemencia que el perro había usado mandóle atar, e llamaron a la pobre india, e tornóse para los cristianos espantada, pensando que la habían enviado a llamar con el perro, y temblando de miedo, se sentó. Y desde a un poco llego el gobernador Joan Jonce; e sabido el caso, no quiso ser menos piadoso con la india de lo qne había sido el perro, y mandóla dejar libremente y que se fuese donde quisiese, e así lo fizo.

El cacique Hatuey en la hoguera. Theodore de Bry

CAPÍTULO XII

Del repartimiento de los indios de la isla de Sanct Joan, y de lo que en ello se siguió

Estando la isla de Sanct Joan pacífica, y encomendados los indios a quien los debía tener, parescióles a los que tal procuraron, que yendo allí quien hiciese el repartimiento de nuevo., los sabría mejor repartir entre los vecinos que quien los había visto servir e conquistar la isla. Fué para esto enviado allá un juez de residencia, llamado el licenciado Velázquez, a quien culpaban diciendo que fue engañado por los oficiales e procuradores del pueblo; porque, como fueron señalados por personeros y factores o solicitadores los que tenían mas avivadas y despiertas las lenguas, que no trabajadas lag personas en la pacificación e conquista de la tierra, como sagaces, procuraron de dejar a los que lo merescían, sin galardón, porque a ellos e a sus amigos se les diese lo que los otros habían de haber. E tuvieron tales formas para ello, que entre otras cosas dieron al juez muchas memorias cautelosas que el debiera entender de otra manera, o al revés, diciendo los unos eran labradores, y los otros de baja suerte, no se acordando que los que estas tachas ponían, pudieran muy mejor e con más verdad apropriarlas a sí mesmos, que no a los otros de quien murmuraban; pues se desacordaban de los virtuosos hechos y denuedos e servicios de aquellos contra quien hablaban. Los cuales, a su propria costa e sin sueldo alguno habían ganado e conquistado la isla con mucho derramamiento de su propria sangre, e más de la de los enemigos, habiendo muchos, e no quedando en pie, para la gratificación, la mitad de los verdaderos conquistadores, y no les habiendo dado para su substentación más de palabras e vanos prometimientos, ofresciéndoles que entre ellos se habían de repartir los indios, como en la verdad ello fuera muy justo que así se hiciera. Mas hízose al revés, e así los dió a quien quiso, y no a quien debiera.

Fué este licenciado el primero que entró en aquella isla, sin el cual e sin los que después fueron con estos títulos de letras, estuvo mejor gobernada la tierra. E paresciose bien en el teniente Cristóbal de Mendoza, pues ninguna demanda se le puso ni persona alguna se quejó del; antes le lloraba aquella isla, cuando se le tomó residencia, viendo que le quitaban el cargo. Pero así van estas cosas, que a veces permite Dios que por los pecados del pueblo, se les quiten los buenos jueces, o por méritos de los tales jueces, los aparte Dios de donde ternan ocasión para errar e ofender a sus conciencias. E así paresció por la obra: que después, sobre estas novedades e mutaciones de gobernación, ninguna cosa ha ganado aquella isla, por las diversas costumbres de los que allí han tenido cargo de justicia. E ido Cristóbal de Mendoza en España, estuvo más honrado, e le dió la Cesárea Majestad el hábito de Sanctiago y le dió de comer como a uno, de los caballeros de su Real casa, donde recibió mayores mercedes y con menos peligros, y en su patria e no tan apartado, acá, en este Nuevo Mundo.

Juan Ponce de León. Grabado de British
Library Collection

CAPÍTULO XIII

**De la muerte del adelantado Joan Ponce de León, primero
conquistador de la isla de Boriquén, que agora llaman Sanct
Joan, y otras cosas tocantes a la mesma isla.**

Dicho se ha cómo Joan Ponce de León fue removido del cargo e
gobernación de la isla de Sanct Joan, y de cómo fue a descubrir a la
banda del Norte, e como anduvo en busca de aquella fabulosa fuente de
Bimini, que publicaron los indios que tornaba a los viejos mozos. Y esto
yo lo he visto (sin la fuente), no en el subjeto e mejoramiento de las
fuerzas, pero en el enflaquecimiento del seso, e tornarse, en gus hechos,

71

**Taínos sacando oro de los ríos por
Gonzalo Fernández de Oviedo**

mozos y de poco entender, y destos fué uno el mismo Joan Ponce, en tanto que le turó aquella vanidad de dar crédito a los indios en tal disparate, e a tanta costa suya de armadas de navíos y gentes. Puesto que en la verdad, el fué honrado caballero e noble persona, e trabajo muy bien en la conquista e pacificación de aquesta isla Española y en la guerra de Higüey; y también fué el primero que comenzó a poblar e pacificar la isla de Sanct Joan, como tengo dicho, donde él e los que con él ge hallaron, padescieron muchos trabajos, así de la guerra como de enfermedades, e muchas nescesidades de bastimentos e de todas las otras cosas nescesarias a la vida.

Halló, pues, como ya he dicho, este capitán, aquella tierra que llaman la Florida, e torno a la isla de Sanct Joan, e fué a España, e dio relación de todo al Rey Católico. El cual, habiendo respectosu a sus servicios, le dió título de adelantado de Bimini y le hizo otras mercedes. Para lo cual le aprovechó mucho el favor de su amo, Pero Nuñez de Guzmán, comendador mayor de Calatrava, ayo del serenisimo infante don Hernando, que es agora la Majestad del Rey de los romanos. E despues se torno a la isla de Sanct Joan e armó de más propósito para ir a poblar en aquella tierra de su adelantamiento y gobernación que allí se le dió, e gastó mucbo en el armada, e volvió de allá desbaratado y herido de una flecha, de la cual herida vino a morir a la isla de Cuba. E no fué solo el quien perdió la vida y el tiempo y la hacienda en esta demanda: que muchos otros, por le seguir, murieron en el viaje, e después de ser allá llegados, parte a manos de los indios, e parte de enfermedades; e así acabaron el adelantado y el adelantamiento.

Cristóbal Colón y su hermano Bartolomeo son arrestados
en la Española . Theodore de Bry

CAPÍTULO XIV

Del pueblo llamado Daguao, que hizo poblar el Almirante don Diego Colom, en la isla de Sanct Joan.

Informaron al Almirante don Diego Colom, que en una provincia de la isla de Sanct Joan, sería bien hacerse un pueblo, a donde llaman el Daguao, porque se creía que aquella tierra era rica de minas; y determinado en ello, envió allá, para fundar la población, a un hidalgo, llamado Joan Enriquez, con cierta gente, el cual era pariente de la virreina, mujer del Almirante, y el pueblo se hizo en lo más rico de la isla, e Juan Enriquez fué allí teniente por el Almirante. Pero por flojedad de los que allí estaban, ni se dieron maña a substentar el pueblo ni a buscar las minas, e al cabo se despobló por los caribes en breve tiempo. E después de despoblado, se hallaron cerca de aquel asiento muchos ríos e arroyos ricos de oro; pero como está muy a mano e aparejado para rescebir daño de los caribes, e han hecho por allí muchos saltos en veces, a esta causa no se sostuvo aquella villa. Más si el oro se descubriera cuando alí hobo población, siempre permanesciera el pueblo e fuera muy gran seguridad de toda la isla, porque estaba en parte muy conviniente, y en tierra muy fértil de labranzas e pastos e oro rico e buenas agnas. E aun quieren algunos decir que ninguna población pudiera haber tan al propósito de los cristianos, como fuera aquella. Este pueblo se llamo Sanctiago; pero, como he dicho, turó poco su población.

Indígenas trabajando en las minas por Theodore de Bry

CAPÍTULO XV

De los gobernadores que hobo en la isla de Sanct Joan, después que allí fué por juez de residencia el licenciado Velázquez.

Dicho se ha como el licenciado Velázquez fué por juez de residencia a la isla de Sanct Joan. El cual se hobo de tal manera en el oficio, que hobo muchas quejas dél, por lo cual fue por Su Majestad proveído de juez de residencia para aquella isla el licenciado Antonio de la Gama, e aquéste hizo lo que supo. El cual después se casó con una doncella llamada dona Isabel Ponce, hija del adelantado Joan Ponce de León, de quien habêis oido que gobernó e pobló primero aquella isla; e diéeronle grande dote con ella, e avecindóse en la tierra, e tuvo cargo de la gobernación de la isla por el Rey, en tanto que le turó el oficio de juez de residencia. Después de lo cual, tornó el cargo, a cuyo era; y el Almirante don Diego Colom puso por su teniente a Pedro Moreno, vecino de aquella isla, del cual tampoco faltaron quejas, aunque no tantas como de algunos de los que primero habían gobernado.

Y en este tiempo se siguieron muchas pasiones entre Antonio Sedeño, contador de aquella isla, y el tesorero Bias de Villasancta. Y ambos anduvieron en la corte el año de mill e quinientos y veinte y tres e veinte y cuatro, e más tiempo, pleiteando e acusándose ante los señores del Consejo Real de Indias, para que hobiese lugar aquel proverbio que dice: *Riñen las comadres, y descúbrense las verdades.* Y entre las otras querellas deste Villasancta, no olvidaba al licenciado de la Gama, por lo cual se mandó al licenciado Lucas Vázquez de Ayllón, oidor desta Audiencia Real de la isla Española, que a la sazón estaba en Castilla negociando una gobernación (donde después fué a morir, que se viniese por la isla de Sanct Joan y entendiese en aquellas diferencias de los oficiales, e tomase residencia al Pedro Moreno y al licenciado de la Gama, e así lo hizo. E ya el de la Gama había enviudado e acabado el primero matrimonio, y se había casado segunda vez con Isabel de Cáceres, mujer que había seido de aquel Miguel Díaz de quien en otras partes se ha hecho mención; la cual estaba muy rica mujer; y aqueste su segundo marido fue proveído después por juez de residencia a la Tierra Firme, a la provincia y gobernación de Castilla del Oro, donde hizo lo que se dirá adelante en la administración de aquel oficio, cuando se tracte de las cosas de aquella tierra, en la segunda parte de aquesta historia.

Así que, después que el licenciado Ayllón les tomó residencia, tornó al cargo, de la isla de Sanct Joan el teniente Pedro Moreno, e lo tuvo e gobernó aquella isla hasta que murió. Después de la muerte del cual, tiene hasta agora el mismo oficio el teniente Francisco Manuel de Olando, el cual es buen caballero y noble persona, y que ha muy bien gobernado, y hace su oficio muy en conformidad de aquellos pueblos e como conviene al servicio de Dios y de Sus Majestades, e más al propósito de la tierra que lo han fecho los letrados, porque de lo uno y lo otro se ha visto la experiencia muchas veces. E no sin causa Sus Majestades, en Castilla del Oro y en otras partes mandan que no pasen letrados ni procuradores, porque conocidamente son pestilenciales para haciendas ajenas, y para poner en contienda a los que sin ellos vivirían en paz. Y estos cargos de justicia yo no los querría ver en los que más leyes saben, sino en los que más justas conciencias tienen. Y pocas diferencias puede haber entre los vecinos, que no las sepan averiguar buenos juicios, si el juez tiene sano el pecho e cerrada la puerta a la codicia, sin que Bartulo ni otros doctores entiendan en ello.

Molino de caña de azucar por Theodore de Bry

CAPÍTULO XVI

De las diversas particularidades de la isla de Sanct Joan.

Pues se ha dicho de la gobernación de la isla de Sanct Joan y de las cosas que pasaron en los principios de su conquista e población, quiera decir en este capítulo algunas particularidades convinientes a la relación desla isla y de los indios della.

Estos indios eran flecheros, pero no tiraban con hierba; e algunas veces pasaban los indios caribes de las islas comarcanas, flecheros, en su favor, contra los cristianos; y todos aquellos tiran con hierba muy mala, e tal que es inremediable hasta agoral pues no se sabe curar. Algunos dicen que no comían carne humana los deta isla. e yo lo pongo en dubda; pues que los caribes los ayudaban e conversaban con ellos. que la comen.

Conquista y colonización de Puerto Rico

La gente desta isla es lora y de la estatura y forma que está dicho de los indios de la Española, sueltos y de buena disposición en la mar y en la tierra, puesto que son para más los de la isla de Sanct Joan, o mas guerrero e así andan desnudos.

En las idolatrias del cemí[1] y en los areitos e juegos del batey, y en el navegar de las canoas, y en sus manjares e agricultura y pesquerias, y en los edeficios de casas y camas, y en los matrimonios e subcesión de los cacicados y señorío, y en las herencias y otras cosas muchas, muy semejantes los unos a los otros. E todos los árboles, y plantas, y fructas, e hierbas, e animales, y aves, y pescados, e insectos que hay en Haití o en la isla Española, todo lo mismo se halla en la de Boriquén o isla de Sanct Joan, e asimesmo, todo lo que por industria e diligencia de los españoles se ha hecho e multiplicado en la Española de ganados, desde ella se pasaron los primeros a Sanct Joan, y se,han hecho muy bien, e lo mesmo de los naranjos e granados e higueras e plátanos e hortaliza e cosas de España.

Pero allí en Sanct Joan hay un árbol que llaman el palo sancto, del cual, como cosa muy digna de particular memoria, se hará adelante un capítulo, en que se diga alguna parte de sus excelencias.

Hay un ingenio de azucar que hizo Tomás de Castellón, ginovés, que quedó a sus herederos (no sin pleitos e litigios) la herencia; pero en quien quedare, dicen que es gentil heredamiento.

Los indios de Sanct Joan, e comúnmente todos los de las Indias, encienden fuego con los palillos, como atrás queda dicho. Tienen muy buenas salinas en la parte que tengo dicho de la costa o banda del Sur, e muy buenos ríos e aguas, e minas muy ricas de oro, de las cuales se ha sacado muy gran copia de oro y continuamente se saca. Hay mas aves, comúnmente, que en la isla Española; pero no dejaré de decir de cierta caza que nunca la vi sino de aquella isla, ni aun lo oí decir que en otra parte del mundo se diesen a ella. Y estos son unos murcielagos que los comen los indios (e aun los cristianos hacían lo mismo en el tiempo que turó la conquista), y están muy gordos, y en agua muy caliente se pelan facilmente e quedan de la manera de los pajaritos de cañuela, e muy blancos e de buen sabor, segund los indios dicen, e no niegan los cristianos que los probaron e comieron muchas veces por su nescesidad, e otros hombres porque son amigos de probar lo que veen que otros hacen. Finalmente, esta isla es muy fértil e rica, e de las mejores de las que hay pobladas de cristianos hasta el presente tiempo.

Conquista y colonización de Puerto Rico

[1] La mayoría de los cemíes han sido encontrados en Puerto Rico y La Española. Éstos son generalmente representaciones antropomorfas, antropozoomorfas y zoomorfas muy estilizadas. Fueron hechas en materiales que abarcan desde el hueso, algodón y piedra, siendo éstas últimas las más conocidas. A través del clérigo Ramón Pané, se sabe que representaban divinidades y que cada grupo social escogía sus cemíes. Además, cada cacique o jefe tribal tenía sus propios cemíes. El tipo de organización social basado en el sistema de clanes favoreció la proliferación de éstos. Sin embargo, al final del periodo Taíno, existían varios cemíes generales aceptados por todos los clanes como benefactores. Esto indica una unificación de las creencias religiosas. Los cemíes que se piensa que fueron aceptados en toda el área taína son los trigonolitos o piedras de tres puntas (de forma mamiforme o tricornios según Cayetano Coll y Toste, 1979:104-105). Para hacer un cemí, se requería una revelación de la divinidad. El Padre Bartolomé de las Casas relata que:

> "cuando algún indio iba caminado e veí un árbol que con
> el viento, más que otro se movía, de lo cual el indio tenía
> miedo, llegaba a el e le preguntaba: Tú ¿quién eres? e
> respondía el árbol, llamaté al bohique (chamán) y él te
> dirá quién yo soy."

El mismo fraile menciona que los taínos tenían tres tipos de cemíes: para la agricultura, para la lluvia y para el parto sin problemas de las mujeres (Cayetano Coll y Toste, 1979:105).

Jesse Walter Fewkes (1907:111-133) ha distinguido cuatro tipos de trigonolitos antillanos. El primer tipo tiene una cabeza en la parte delantera y piernas en la punta trasera. En el segundo tipo, la cara está en la proyección conoide o situada entre esta proyección y la punta anterior. El tercer tipo, la proyección conoide se convierte en un hocico o fauce. El cuarto tipo está desprovisto de decoración. Sven Loven (1935:628), señala que el cono es el elemento distintivo entre esta clase de cemíes con relación a los más primitivos.

Fray Ramón Pané de la Orden de San Jerónimo vivió entre los Taínos por orden de Cristóbal Colón y escribió su relación *Acerca de Las Antigüedades de los Indios*. En el Capítulo XIX de la mencionada obra relata como los taínos guardaban y hacían sus cemíes. Según Pané:

> Los de madera se hacen de este modo: cuando alguno va de
> camino dice que ve un árbol, el cual mueve la raíz; y el
> hombre con gran miedo se detiene y le pregunta quién es.
> Y le responde: Llámame a un behique y el te dirá quién

soy". Y aquel hombre, ido al susodicho médico le dice lo que ha visto. El hechicero o brujo corre enseguida a ver el árbol, se sienta junto a, le hace la cohoba. Hecha la cohoba, se pone de pie....y le pregunta: "Dime quién eres y qué haces aquí, y qué quieres de mí y por qué me has hecho llamar. Dime si quieres que te corte, o si quieres venir conmigo y como quieres que te lleve, que yo te construiré una casa con una heredad". También Pané menciona en el mismo capítulo que los cemíes de piedra "son de diversas hechuras... aquellos son los mejores para hacer parir las mujeres preñadas..." (Ramón Pané, 1984:41).

El clérigo Pané no menciona la forma en que eran escogidas las piedras para hacer estos cemíes, pero posiblemente el ritual era muy parecido al que se seguía para escoger la madera.

Marcio Veloz Maggiolo (1972:252) plantea que los cemíes o trigonolitos de tres puntas representa la raíz de la yuca, siendo el cemí un dios unificador de la diferentes tribus taínas. El perfilado trigonolito tenía relación con las cosechas, la lluvia, las aguas y todo lo que posibilitara la germinación de la yuca o mandioca, principal sustento de las tribus antillanas y de los grupos étnicos de la zona orinoco-amazónica. Por otro lado, Cayetano Coll y Toste (1979:104) establece que los ídolos mamiformes (cemíes) de tres puntas eran una representación de la Cordillera de Luquillo la cual con su abrupto monte, El Yunque, tuvo que impresionar vivamente a los taínos. Es posible que Cayetano Coll y Toste (1979) esté cerca de la verdad y los cemíes sean representaciones no del Yunque, sino de la montaña mítica *(Cauta)* la cual les dio origen. Si se observa cuidadosamente el tope de las montañas de Puerto Rico, se puede notar la similitud entre el perfil de éstas con el de los cemíes.

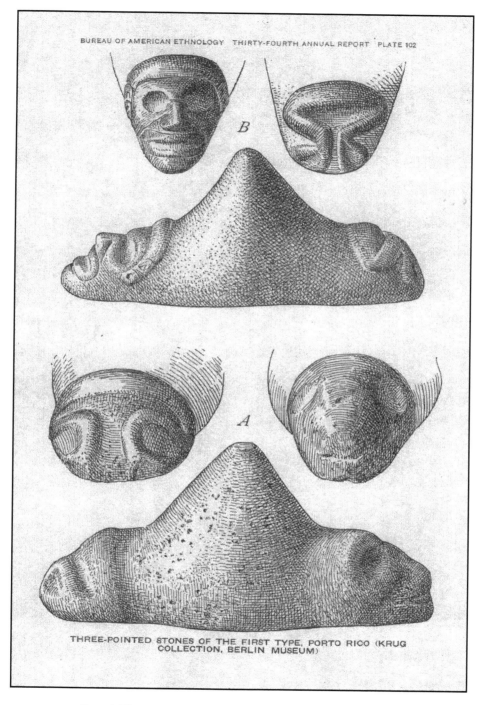

Cemí Tipo 1 según Jesse Walter Fewkes (1922)

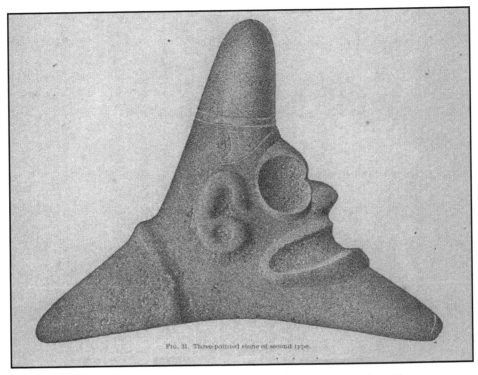

FIG. 21. Three-pointed stone of second type.

Cemí Tipo 2 según Jesse Walter Fewkes (1907)

Cemí Tipo 3 según Jesse Walter Fewkes (1907:111-133)

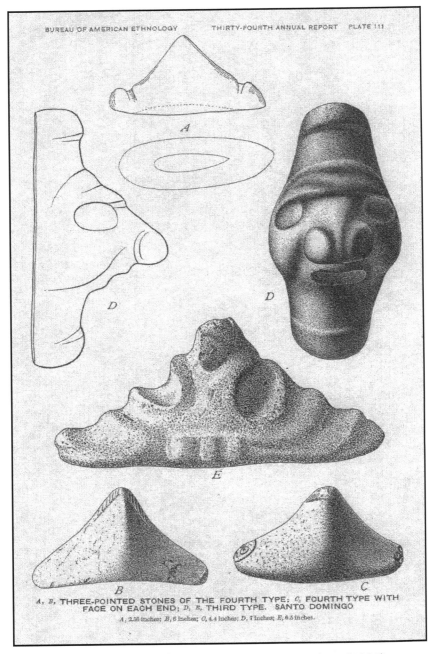

A

D

D

E

B

C

A, B, THREE-POINTED STONES OF THE FOURTH TYPE; C, FOURTH TYPE WITH
FACE ON EACH END; D, E, THIRD TYPE. SANTO DOMINGO

A, 2.50 inches; B, 6 inches; C, 4.4 inches; D, 7 inches; E, 6.5 inches.

Cemí Tipo 4 según Jesse Walter Fewkes (1922)

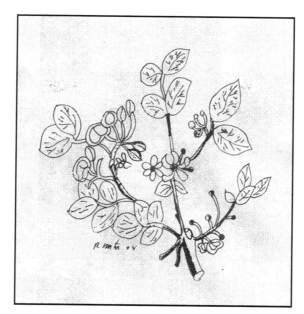

Palo santo: *Guaiacum officinale*. Dibujo de
Rubén Santos (2004)

CAPÍTULO XVII

Del árbol del palo sancto[1] e de sus muy excelentes propiedades.

El árbol que en las Indias llaman palo sancto digo que en opinión de muchos, es uno de los más excelentes árboles del mundo, por las enfermedades e llagas e diversas pasiones que con él curan. Muchos le tienen, en la verdad, por el mesmo que guayacán, o por especie o género dél, en la madera y médula o corazón, y en el peso e otras particularidades y efetos medicinales; puesto que aqueste palo sancto ha hecho mayores experiencias, porque, demás de se curar con él el mal de las búas, como con el guayacán e muy mejor, cúranse otras enfermedades muchas que no se sanan con el guayacán, como mas particularmente los médicos que del usan, lo saben aplicar, y otras personas, por la experiencia que ya se tiene.

Pero solamente diré yo aquí lo que vi hacer o experimentar en un enfermo tocado del mal de las büas, y que desde a mucho tiempo que las tuvo, vivía con una llaga vieja en una pierna muchos años después, y de cuando en cuando se le refrescaban sus trabajos y le daban muy mala vida, e ya él la tenía por incurable. El cual uso desta recepta que agora dire. Púrgase el doliente con píldoras de regimiento, que creo que llaman de *jumus terras,* las cuales se toman pasada la medianoche; e después que ha purgado, come de un ave y bebe un poco de vino muy aguado; y desde a dos días que esto ha hecho, échase en la cama, y entre tanto come templadamente y de buenas aves pollas. E así, echado en la cama, ya ha de estar hecha el agua del palo sancto, la cual se hace desta manera.

Toman un pedazo del palo e pícanlo menudo, cuanto pudiere ser, y ponen en una olla nueva, libra e media del palo así picado, con tres azumbres de agua, y pónenlo en remojo desde prima noche hasta otro día de mañana, y en seyendo de día, cuécenlo hasta que el agua ha menguado la tercia parte. Y entonces toma el paciente una escudilla de aquella agua así cocida, tan caliente como la pudiere comportar. E después qne la ha bebido, cúbrese muy bien, e suda una hora o dos, e después, hasta mediodía, bebe de la misma agua. estando fría, cuantas veces quiere e pudiere; e cuando quisiere comer, ha de ser un poco de un rosquete de bizcocho, o unas pasas pocas y cosas secas. El caso es que la dieta y beber harta agua de la manera que he dicho, es lo que hace al propósito: así que, hasta mediodía se ha de hacer lo que tengo dicho, y después sacar aquella agua y verterla, y después echar otra agua fresca en el palo mismo, como había quedado, sin echar màs palo, y cocerlo otra vez con la segunda agua, y de aquélla, fría, beber entre día. Y ha de estar el paciente muy sobre aviso en estar muy abrigado, cuanto pudiere, y en parte que el aire no le toque; e así continuarlo hasta que sea llegado el siguiente día. Y el segundo día se ha de echar a mal aquel palo que estaba en la olla. y en aquélla, tornar a echar otro tanto palo e agua, con la misma medida, e hacer todo lo mismo que es dicho del primero día. E así, de día en día, continuadamerite, hacer todo lo que tengo dicho hasta que pasen doce o quince días. E si se sintiere flaco en el comedio deste tiempo, puede comer de un pollito chiquito; y ha de ser la comida para sustentar, e no para más, ni hartar, porque como he dicho, complidos doce o quince días, sentir mucha mejoria e obra hasta noventa días, que cada día le irá muy mejor. E cuando hobiere acabado de tomar esto, el tiempo que he dicho, comera pollas pequeñas, e así como fuere convalesciendo, irá mejorando e aumentando, poco a poco la comida.

Algunos usan, después de pasados los quince días que han tornado el agua del palo, tornarse a purgar; pero ha de estar muy sobre aviso en no comer cosas ácedas ni vinagre, ni verdura, ni pescado, ni haber ayuntamiento con mujer en aquellos tres meses.

Los que tienen llagas, lávanlas con aquella agua que es dicho, e límpianlas con un paño, e después de enjutas, tornan a untar la llaga con la espuma que hace el agua en el cocimiento, que tienen recogida para ello, e pónenle sus hilas blancas, y encima sus paños blancos e limpios, e no de camisa de mujer. E sanan de llagas (que por cierto yo las he visto sanar desta forma) tales, que se tenían ya por incurables, por ser muy viejas e muy enconadas y denegridas, que ya parescían más de especie de cáncer o de Sanct Lazaro, que otra cosa. Para mi opinión, yo tengo por muy sancta cosa esta medecina deste árbol o palo sancto que dicen.

---

[1] **FAMILIA:** ZYGOPHYLLACEAE
NOMBRE DE LA ESPECIE: *Guaiacum officinale*

NOMBRE COMÚN: Palo santo, palo de vida, Guaiac tree

DESCRIPCIÓN:

El guayacán es un árbol resinoso que crece en los terrenos de costa hasta 5 metros de altura, aproximadamente. Su madera es muy resistente, no puede cortarse con facilidad y, cuando se logra, raras veces se obtiene una superficie plana debido a que las fibras no siguen una dirección rectilínea, sino sesgada u ondulada en las secciones tangenciales. Las hojas son opuestas, paripinadas, biyugadas con las hojuelas ovadas oblongas, obovadas o romas, lustrosas y coriáceas. Sus flores son azules, largo pedunculadas, agrupadas en número regular en la punta de las ramitas con cinco pétalos. Su fruto es color amarillo, en forma de corazón invertido, comprimido, aquillado, recortado en la punta.

UTILIDAD:

La madera de este árbol contiene una gran cantidad de resina que posee propiedades medicinales. La corteza es usada contra las enfermedades venéreas; es antiescrofulosa y antireumatismal. La resina de olor fuerte y penetrante es vesicante e irritante; en medicina popular, usada para calmar el dolor de muelas; también como remedio externo contra las micosis y dermatosis fungosas. Esta resina es buen remedio también en las enfermedades de reumatismo, gota, y para bajar la tensión arterial en las arteriosclerosis. Del guayacán se extrae el guayacol, muy apreciado contra las enfermedades del pecho y de las mucosas. El jugo de las hojas se toma contra exceso de bilis.

[Henri Alain Lioger (1990); Esteban Núñez Meléndez (1982)].

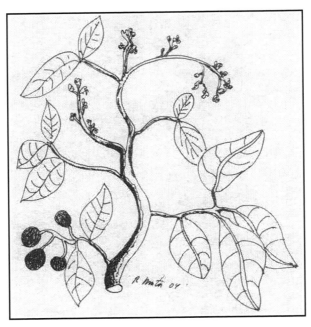

Tabonuco: *Dacryodes excelsa*. Dibujo de
Rubén Santos (2004)

CAPÍTULO XVIII

**De otras particularidades de la isla de Sanct Joan, con que se da
fin al libro décimo sexto.**

Muchas cosas quedan dichas en los capítulos precedentes en general,
de aquesta isla de Sanct Joan, e muchas otras referí a lo que tengo
escripto de la isla Española. Pero ocurre a la memoria una cierta goma
que hay en aquesta isla de Sanct Joan, que nunca lo oí de otra parte
alguna, e informado de Joan Ponce de León y de otras personas de honra
que lo pudieron muy bien saber, dicen que cerca de las minas que llaman
del Loquillo, hay cierta goma que nasce en los arboles, la cual es blanca,
como sebo, pero muy amarga, e sirve para brear los navios, mezclándola
con aceite, sin otra mixtura. Y es muy buena, porque como es amarga, no

Canoa Taína según Gonzalo Fernández de Oviedo

Una de las primeras representaciones de la canoa antillana

**Llegada de los europeos a la zona tórrida
por Theodore De Bry**

entra en ella la broma, como en la brea de la pez. Los indios, y aum los cristianos, llaman en aquella isla, a esta goma, *tubunuco*[1], y es muy excelente para lo que he dicho, cuando se puede haber en tanta cantidad. E con esto se da conclusión a las cosas desta isla de Sanct Joan, hasta el presente tiempo e año de mill e quinientos e treinta e cinco.

---

[1] **FAMILIA**: BURSERACEAS

NOMBRE DE LA ESPECIE: *Dacryodes excelsa*

NOMBRE COMUN:

tabonuco, candlewood (inglés); gommier blanc (Dominica); gommier (Santa Lucia, San Vicente y Granada); gommier blanc, gommier montagne, bois cochon (Guadalupe, Martinica); gommier, gommier a canot (Guadalupe).

DESCRIPCIÓN:

El tabonuco es un árbol grande y recto que sobresale por encima del dosel del bosque y tiene un color verde oscuro. Se reconoce por: 1) corteza lisa y blancuzca que se desprende en escamas gruesas y que al cortarse exuda una resina blancuzca fragante que sale en vetas; 2) hojas pinadas con 5 ó 7 hojuelas de 2.5 a 5 pulgadas de largo y de 1.25 a 3 pulgadas de ancho, las que al estrujarse producen una fragancia característica; y 3) fruto carnoso oblongo de color castaño de 1 pulgada de largo y ½ pulgada de ancho. Este árbol es siempre verde y alcanza alturas mayores a los 100 pies. La copa es elongada. El tronco alcanza diámetros de 3 a 5 pies o más y a veces con raíces tabulares cortas y anchas parecidas a las patas de elefante. La corteza es fina (1/4 de pulgada de grueso) y de color castaño rojizo en árboles jóvenes en pleno crecimiento. La resina es color ámbar gris al salir y se torna dura y blanca al exponerse al aire y es inflamable. La corteza interior es de color castaño y tiene sabor a trementina y es de consistencia arenosa. Las ramitas son de color castaño y ligeramente verrugosas. Los racimos florales (panículas) son laterales y muy ramificados de 3 a 8 pulgadas de largo. Las pequeñas flores verdosas tienen aproximadamente 3/16 pulgadas de ancho y los distintos sexos ocurren en árboles diferentes (dioico). El cáliz es en forma de copa. El fruto (drupa) parece una oliva y contiene una semilla. Florece y fructifica casi todo el año, pero la mayor parte del fruto se produce de julio a octubre.

UTILIDAD:

La madera se seca al aire con lentitud y los defectos debidos al secado son menores; su reacción al trabajo de maquinas es como sigue: el cepillado, moldeado, escopleado, lijado y la resistencia a las rajaduras por tornillos son satisfactorios; el moldeado y el torneado son regulares. La resina se empleaba antiguamente en antorchas y como incienso en ceremonias religiosas, para calafatear botes y como medicina con propiedades antisépticas y descongestionantes, entre otras. **Los Caribes de la isla Dominica construían canoas de tabonuco, una de las cuales fue encontrada en la orilla oriental de la isla de La Mona en 1953.** La madera de tabonuco se ha usado en Puerto Rico más por su abundancia y tamaños que por su calidad. La madera es atractiva por su grano entrelazado, se considera que mella las herramientas.

[Little L. Elbert., Frank Wadsworth y José Marrero (2001)]

BIBLIOGRAFÍA CONSULTADA

Alain, Lioger, Henry. (1990). *Plantas medicinales de Puerto Rico y el caribe.* San Juan: Puerto Rico. Iberoamericana de Ediciones, Inc.

Allen, J. A. (1890). *The West Indian Seal (Monachus tropicalis Gray).* Bulletin of the American Museum of Natural History II (1887-90): 1-34.

Allen, M.G. (1920). *Dogs of American Aborigines.* Bulletin Museum of Comparative Zoology 63: 429-517. Harvard University.

Alegria, Ricardo, E. (1999). *Apuntes en torno a las culturas aborígenes de Puerto Rico.* En: Historia y Cultura de Puerto Rico. Alegria, Ricardo y Eladio Rivera Quiñones, eds. San Juan, Puerto Rico: Fundación Francisco Carvajal.

Boomert, Arie. (2000). *Trinidad, Tobago and the Lower Orinoco interaction sphere.* Alkmar, Holanda: Cairi Publications.

Bucher, Bernadette. (1981). *Icon and conquest. A structural analysis of the ilustrations of Bry's Great Voyages.* Chicago y Londres: The University of Chicago Press.

Carneiro, Robert, L. (1982). *How did the state evolve?* En: Anthropology contemporary perspectives. Hunter, David E. K. y Philip Whitten, eds. Boston y Toronto: Litle, Brown and Company. Págs. 68-78.

---. (1970). *A theory of the origin of the state.* Science (169):733-738.

Caro Costas, Aida. (1972). *Antología de lecturas de historia de Puerto Rico. (Siglos XV-XVIII).* Barcelona, España: Talleres de Artes Gráficas Manuel Pareja.

Coll y Toste, Cayetano. (1979). *Prehistoria de Puerto Rico.* Cataño, Puerto Rico: Litografía Metropolitana Inc.

De Bry, Theodore. (1590-1624). *Grands and petits voyages.* Estados Unidos, New York: New York Public Library, Rare Book Room, De Bry

Collection.

Las Casas, Bartolomé de . (1986). *Historia de las indias*. Caracas, Venezuela: Biblioteca Ayacucho

du Puis, Mathias. (1981). *Relation de l'establissement d'vne colonie francois dans la Gardeloupe isle de l'Amerique*. En: Crónicas francesas de los indios Caribes. Manuel Cárdenas Ruíz y Ricardo E. Alegría, eds. Río Piedras, Puerto Rico: Editorial Universitaria. Pags. 203-227.

Evans, Richard y Siri Von Reis. (1995). *Ethnobotany: an evolution of a discipline*. Portland, Oregon: Dioscorides Press.

Fewkes, Walter, J. (1922). *A prehistoric island culture area of America*. En: Twenty-Fourth Annual Report of the Bureau of american Ethnology. Holmes, W. H., ed. Washington, D.C., Estados Unidos: Smithsonian Institution.

---. (1907). *The aborigines of Porto Rico and neighboring islands*. *En:* Twenty-Fifth Annual Report of the Bureau of American Ethnology. Holmes, W. H., ed. Washington, D.C., Estados Unidos: Smithsonian Institution. Págs. 1-220.

Fernández de Oviedo, Gonzalo. (1986). *Sumario de la natural historia de las Indias*. Edición de Manuel Ballesteros. Madrid, España: Historia 16. Información y Revistas, S.A.

Fernández de Oviedo, Gonzalo. (1963). *Sumario de la natural historia de las Indias*. Edición de J. B. Avalle-Arce. Salamanca, España: Ediciones Anaya.

Fernandez Méndez, Eugenio. (1969). *Crónicas de Puerto Rico*. Río Piedras, Puerto Rico: Editorial de la Universidad de Puerto Rico.

Girolano, Benzoni. (1967). *La historia del Mundo Nuevo*. Caracas, Venezuela: Biblioteca de la Academia Nacional de la Historia.

Lawrence, Barbara. (1972). *Dogs from the dominican republic*. Santo Domingo, República Dominicana: Centro Dominicano de Investigaciones Antropológicas (CENDIA).

Little, Elbert., Wadsworth, Frank y Jose Marrero. (2001). *Árboles comunes de Puerto Rico y las Islas Virgenes*. Río Piedras, Puerto Rico: Editorial de la

Universidad de Puerto Rico.

Mason, Alder, J. (1941). *A large archaeological site at Capa, Utuado with notes on other Porto visited in 1914-1915.* Vol 18. Pt. 2. New York, USA: New York Academy of Science.

Miner   Sola, Edwin. (2002). *Diccionario taíno ilustrado.* Puerto Rico: Ediciones Servilibros.

Morán, Emilio, F. (1993). *La ecología humana de los pueblos de la amazonia.* México: Fondo de Cultura Económica.

Moscoso, Francisco. (1999). *Sociedad y economía de los Taínos.* Río Piedras, Puerto Rico: Editorial Edil.

Nowak, Ronald, M. & John L. Paradiso. (1983). *Walker's mammals of the world.* Baltimore and London: The John Hopkins University Press

Nuñez Meléndez, Esteban. (1982). *Plantas medicinales de Puerto Rico.* Río Piedras, Puerto Rico: Editorial de la Universidad de Puerto Rico.

Ortiz, Fernando. (1947). *El huracán, su mitología y sus símbolos.* México, DF: Fondo de Cultura Económica.

O' Gorman, Edmundo. (1972). *Cuatro historiadores de Indias.* México, D.F: Editorial Patria, S.A de C.V.

Patón, Daniel & Rafael Merchante. (1989). *Guía de mamíferos extinguidos del mundo.* Madrid, España: Miraguano Ediciones.

Peguero, Valentina y Danilo de Los Santos. (2002). *Visión general de la historia dominicana.* Santo Domingo, República Dominicana.

Pereyra, Carlos. (1920). *Historia de la América Española. Descubrimiento y exploración del Nuevo Mundo.* Madrid, España: Editorial Saturnino Calleja S.A.

Pérez Memém, Fernando. (2000). *El comercio en la sociedad taína.* Boletín del Museo del Hombre Dominicano. Serie Papeles Ocasionales No.12: 5-24. Santo Domingo, Republica Dominicana.

Rivero, Juan, A. (1978). *Los anfibios y reptiles de Puerto Rico.* Río Piedras, Puerto Rico: Editorial Universitaria.

Rouse, Irving. (1992). *The Tainos: Rise & decline of the people who greeted Columbus*. New Heaven-London: Yale University Press.

Rouse, Irving. (1965). *Caribbean ceramics: A study in method and theory*. Viking Publication in Anthropology Núm. 41. London, England: Methuen & Co. Ltd.

Rouse, Irving & M. J. Cruxent. (1963). *Venezuela archaeology*. New Heaven-London: Yale University Press.

Sánchez, Celeste. (2001). *Geografía e historía de Puerto Rico 4*. Madrid, España: Ediciones SM.

Siegel, Peter, E. (1991). *Political evolution in the Caribbean*. En: Actas del decimotercer congreso internacional de arqueología del Caribe. Ayubi. N. E. y J. B. Haviser, eds. Curazao, Antillas Holandesas: Institute of the Neatherlands Antilles No. 9

Tapia y Rivera, Alejandro. (1945). *Biblioteca histórica de Puerto Rico: Que contiene documentos de los siglos XV, XVI, XVII y XVIII*. San Juan, Puerto Rico: Instituto de Literatura Puertorriqueña.

Taylor, Douglas. (1957). *Spanish Canoa and Its Congeners*. International Journal of American Linguistics. 23(3): 242-244. Jul.

Veloz, Maggiolo, Marcio.(1972). *Arqueología prehistórica de Santo Domingo*. Singapure: Mc Graw-Hill Far Eastern Publisher (S) Ltd.

Viñes, Benito. (1877). *Apuntes relativos a los huracanes de las antillas en septiembre y octubre de 1875 y 76*. La Habana, Cuba: Tipografia y Papeleria El Iris.

Títulos publicados por Editorial Nuevo Mundo

Astronomia en la Prehistoria del Caribe Insular: Arqueoastronomía de las plazas megalíticas antillanas.
Ángel Rodríguez Álvarez
283 págs.
ISBN 0-9774940-0-4

Conquista y colonización de Puerto Rico según el Cronista de Indias: Gonzalo Fernández de Oviedo y Valdés.
Gonzalo Fernández de Oviedo y Valdés
100 págs.
ISBN 0-9774940-2-0

Ramón Pané y la Relación sobre las Antigüedades de los Indios: El primer tratado etnográfico hecho en América.
Ramón Pané
172 págs.
ISBN 0-9774940-1-2